So
Easy !

make things

simple and enjoyable

生活技能 088

開始到美國打工度假

作者◎高函郁

太雅

「美國打工度假鐵則」

☑ 日夜溫差大，洋蔥式穿法

理由：美國陸地廣大，各城市氣候相差甚多，有可能白天豔陽高照，夜晚卻寒冷到只有2度，建議多層次穿搭的洋蔥式穿法，是克服日夜溫差大的最佳祕訣。

☑ 馬桶沒有蓋子，廁所沒有垃圾桶

理由：美國馬桶大多沒有蓋子，且多半會提供坐墊紙，衛生紙使用完畢，可直接投入馬桶，無另外設置垃圾桶，若是生理期使用的衛生用品，則投入牆邊的四方鐵盒，千萬別傻傻的把衛生紙丟入鐵盒！

☑ 太陽再大，也不要撐傘啊！

理由：愛美的你若是要防曬，可使用太陽眼鏡和帽子遮陽，若是撐傘則會引來美國人的注目禮，而在購買美國防曬用品前，要注意是否有防曬黑(PA+)與防曬傷(SPF)的功效。

☑ 牙刷牙膏帶著走，洗髮沐浴當地買

理由：牙刷與牙膏在美國是屬於較私人的用品，所以即使住進價格稍高的飯店，也不見得會提供牙膏、牙刷用品，需自行準備。

☑ 室內沒有拖鞋，地板切勿赤腳走

理由：美國人即使在家也都會穿鞋子，沒有室內脫鞋的生活習慣，若是拜訪美國同事，進門前可先觀察是否該脫鞋。雖說旅館均有房務人員清潔打掃，但若是有穿室內拖鞋的習慣，建議自行準備。

☑ 小額美金隨身帶，到處都要給小費

理由：在小費文化盛行的美國，舉凡提行李、旅館門房、代客泊車、導遊領隊、吃飯、計程車等均要給小費，所以可多換小額美金在身上，並依服務程度主動給予適當小費，若是忘記給會面臨對方主動索取的情況發生；但若工作選擇房務人員的你，也是會有工作一整天下來只有一間給小費的情況發生。

☑ 坐車要繫安全帶

理由：在美國不論在前座或後座，均要繫上安全帶，若是依法繫安全帶者，會開處罰單。

☑ 用詞注意，字彙不懂別亂用

理由：Nigger是美國黑人之間交情甚好的用語，其他種族不可使用，若是有黑人朋友A和B講話使用到此詞彙，用這暱稱稱呼黑人，是相當不禮貌的！

☑ 買菸酒、上夜店，記得帶護照

理由：美國規定需年滿21歲，才可以抽菸、喝酒，進出酒吧與夜店；不論是夜店入場前，或購買菸酒，皆需帶護照查驗。

☑ 退換貨記得帶收據

理由：在美國購物若是不滿意，尺寸不合適等，只要帶購買時的收據，就可直接退換貨，不用手續費，若收據搞丟，即使標籤未剪也不一定可以成功退貨！

Q1

行前花費總共需準備多少錢？

行前花費約莫11～13萬，詳見P.37「行前預算表」。

Q2

打工結束後是否可以賺一筆錢回台灣？

這部分因人而異，除了在當地生活消費外，工作結束後的旅遊花費也是重大開銷之一，若是非餐餐大魚大肉、旅遊住宿均住五星級飯店、大買精品包等，基本上都可以帶一筆錢回台灣。作者在美國打工3個月，扣稅後實賺約20萬台幣左右，其中不包含小費收入，並於隔年回台後領到約2萬的退稅。而在美國當地生活費，詳見P.37。

Q3

工作時數太多或太少怎麼辦？

在美國每週工時約30～45小時不等，依工作性質與區域分淡旺季，如暑假期間的遊樂園屬旺季，工時常高達40小時以上，若是超時雇主會給予1.5倍的加班費，若是工時太少，可自行安排規畫旅遊，或至當地尋找第二份工作。

Q4

若是找到第二份更好的工作，是否可以將原本那份工作辭掉？

絕對不行。由於我們的J1簽證是因為首份工作而獲准，若是將原先工作辭職，按照規定需於隔天回台灣；若是真的很喜歡第二份工作，可試著和原雇主討論工時減少等。

Q5

我沒被扣到稅或扣太多稅怎麼辦？

在美國打工只會繳交聯邦所得稅與各州州稅，若是雇主有扣到非此兩種稅的費用，需於拿到薪水當週和雇主說明，並於下週退回原先扣除額即可。基本上在美國打工度假所賺取的所得，均在免稅額的範圍內，即使扣取聯邦所得稅與各州州稅，均可在隔年辦理退稅，若是沒被扣到稅，有可能是雇主確定你不需繳稅而無扣除，不過建議拿到薪資單的第一週，還是再向雇主確認一次較好。

作者序　決定夢想的那一天

尚未參加美國打工度假前，我是個再平凡不過的大學生；直到拿到夢想的那把金鑰匙，一切都變得不一樣了……；每一滴酒回不到最初的葡萄，我回不到年少。

若是真要講起這歷時一百多個晝夜的故事，已經不是簡短「打工旅遊」四個字足以形容，那是一段美如夢境般的奇幻旅程，一場令人上癮也不願醒來的夢，或許故事終究有結局，但回憶卻總是在腦海中反覆播放，那是誰也帶不走的快樂寶藏。

我在位於Utah的Bryce Canyon旁的度假村工作，最高紀錄同時兼了帶位、房務員、餐廳助手與打烊工讀生，每天從早上8點開房間門那刻，開始我的打工生活，總是祈求小費很多就像在買樂透一樣，工作內容五花八門，舉凡換床單、吸地板、帶位、洗碗盤、打菜、備餐具，甚至抱著馬桶刷，工作或許辛苦，但日子卻一點也不苦，每當收到客人貼心的紙條，室友溫暖的擁抱與熱騰騰的晚餐，總是能讓四肢癱軟疲憊不堪的我，嘴角浮上一絲笑意，然後幸福的睡去，隔天又是嶄新的開始。

閒暇時就去旁邊的國家公園(Bryce Canyon)親近大自然，幻想自己是電影《127小時》的男主角，或是和外國同事聊天，文化交流，分享彼此的故事，交換彼此拿手好菜，天天Party Night，夜晚去森林散步，漫步在星空下，隨意找一塊地鋪上浴巾，躺在被樹林圍繞只屬於我們的祕密基地，一起賞月等流星，聊過去，聊現在，甚至是未來。

我懷念下著大雨的那天，一群人拿著鍋碗瓢盆當雨傘的可愛畫面。我懷念初見冰雹，停下手邊工作捲起褲管打水仗的那次經驗。我懷念每次工作回家累得半死，癱坐在椅子上不想動的時候，嘴巴卻還是不時的交換彼此的那一天。我懷念走了兩個多小時迷路一陣子，排除萬難走到目的地，被丟下瀑布的那次。我懷念唯一休假的那天也要開車旅遊的衝動，即使語言不通也要比手畫腳聊天的那種執著。

在這裡，我們總是可以在平靜與簡單的生活裡自得其樂，那時候時常覺得自己是全世界最富有的人，和上帝派來的天使一起體驗所謂的天堂生活。

當手上提著慾望城市凱莉最愛的Kate Spade，走在紙醉金迷的Las Vegas大道上，眷戀Seattle百年Starbucks的咖啡香，想念Hawaii的陽光沙灘比基尼，Disney的閉幕煙火仍歷歷在目，電影場景不再只是出現在小小螢幕裡，而是在Universal與你那麼親近，來到Getty Center與世界著名藝術品共享下午，踏進Stanford喬裝一天常春藤名校學

員，這一切不再離你遙遠，當你一一實現的那瞬間，那是筆墨也無法形容的美妙滋味，而你將永遠想念，並且不會忘記。

這本書出版的初衷，是希望讓想去美國打工度假的朋友，可以透過詳細的資料與解說，解決交通、飲食、住宿等各項生活難題，讓怕生或英文不好的你，也能輕輕鬆鬆踏上夢想班機。

或許你正為了繁雜的行前手續，而起了放棄的念頭，或許你正煩惱一路上的交通食宿該怎麼辦才好，但請千萬要記得，記得當初排除萬難的那股熱情，記得那個信誓旦旦給予承諾的初衷，在遇到任何困難阻礙時都別輕易放棄，否則一路走來的艱辛便付諸流水。

然後，請翻翻這本書。

「人生可以有遺憾，但不能有後悔。」在踏上未知旅途後，請不顧一切的向前邁進吧！

高函郁

關於作者　高函郁

1990年生，畢業於世新大學行政管理系。尚未自助旅行前，是個畏懼說英文，程度僅至幼幼班的水瓶女孩。大二那年第一次旅行，便挑戰出國自助將近一個月，從此便著了旅行的魔，認為人生是場必須履行的旅行，目前以平均三個月出國一次的頻率，累計足跡至上海、首爾、京都、大阪、奈良、沖繩、關島、香港、夏威夷等，並於大學畢業那年前往美國打工度假，玩遍美國西岸各城市，而旅行般的人生正持續進行中……

圖片提供／許志忠

目 錄

12
認識美國

18
認識美國打工度假

38
行前準備

52
抵達美國

74
打工攻略篇

118
生活實用篇

140
旅遊玩樂篇

一起出發，到美國打工度假！

美國，每個人心目中一生一定要去一次的夢想國度！

因著打工度假的開放，前進美國不僅可以體驗在地生活文化、加強自身英文能力，還能順遊美國各大城市，大蘋果紐約、瀰漫咖啡香的西雅圖、洛杉磯的星光魅力、充滿文藝氣息的舊金山……

作者，不只想介紹這個國家，他更希望把自己去實踐打工後的體驗，遇到過的困難和求職經驗，讓想實踐美國夢的年輕人，也能跟隨著他的分享和教戰，透過這本書詳細的資料與解說，從申請文件、打工攻略、當地交通、飲食、住宿、玩樂景點等，即使怕生或英文不好的你，拿著這本書，也能輕鬆踏上美國打工度假的旅程。

編輯 邱律婷

編輯室提醒

出發前，請記得利用書上提供的data再一次確認。

每一個城市都是有生命的，會隨著時間不斷成長，「改變」於是成為不可避免的常態，雖然本書的作者與編輯已經盡力，讓書中呈現最新最完整的資訊，但是，我們仍要提醒本書的讀者，必要的時候，請多利用書中的電話、網站，再次確認相關訊息。

資訊不代表對服務品質的背書。

本書作者所提供的飯店、餐廳、商店等等資訊，是作者個人經歷或採訪獲得的資訊，本書作者盡力介紹有特色與價值的旅遊資訊，但是過去有讀者因為店家或機構服務態度不佳，而產生對作者的誤解。敝社申明，「服務」是一種「人為」，作者無法為所有服務生或任何機構的職員背書他們的品行，甚或是費用與服務內容也會隨時間調動，所以，因時因地因人，可能會與作者的體會不同，這也是旅行的特質。請讀者培養電話確認與查詢細節的習慣，來保護自己的權益。

謝謝眾多讀者的來信。

過去太雅旅遊書，透過非常多讀者的來信，得知更多的資訊，甚至幫忙修訂，非常感謝你們幫忙的熱心與愛好旅遊的熱情。歡迎讀者將你所知道的變動後訊息，提供給太雅旅行作家俱樂部 taiya@morningstar.com.tw

太雅旅行作家俱樂部

如何使用本書

　　美國也能打工度假！作者親身體驗，邊打工邊玩樂，實現你的美國打工度假夢！本書從認識美國的面貌、行前的各種準備功課、申請打工度假表格填寫、到了當地的各種工作型態、提醒你需要申請的證件、當地交通移動方式、住宿介紹、城市景點介紹、飲食推薦、購物伴手禮、生活大小事、如何緊急求助等。所有你在美國打工度假會遇到的問題全都幫你設想好，並給予適當的解答，讓你前往加美國打工度假，好放心！

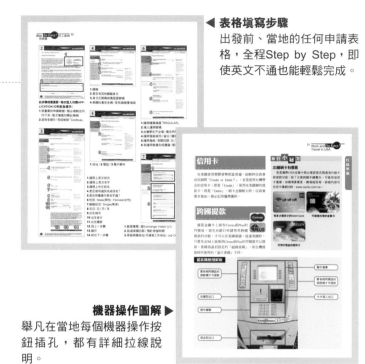

◀ 表格填寫步驟
出發前、當地的任何申請表格，全程Step by Step，即使英文不通也能輕鬆完成。

機器操作圖解 ▶
舉凡在當地每個機器操作按鈕插孔，都有詳細拉線說明。

美國打工種類全都蒐
蒐錄餐廳、主題樂園／度假村／國家公園、飯店／旅館、速食店等4大類型，10位過來人經驗分享，不用再上網爬文找破頭，翻閱本書，讓你一目了然！

▲ 豐富又有趣的生活分享

▲ 工作類型、地點、職務

基本工作資訊說明 ▶

工作內容介紹 ▶

Work
for
Experience

Travel
for
Pleasure

USA
Let's Go!

Work and Travel in USA

認識美國

美國，是什麼樣的國家？

簡單介紹每個人都耳熟能詳的美國，包含地理、行政區、時差與氣候
等各方面資訊，在出發打工度假前，對美國有初步的了解。

美國地理簡介

美國位於北美州的中部，北邊與加拿大相鄰，南與墨西哥接壤。

◎溫哥華

西雅圖
◎華盛頓州
Washington (WA)

蒙大拿州
Montana (MT)

俄勒岡州
Oregon (OR)

愛達荷州
Idaho (ID)

◎黃石國家公園

懷俄明州
Wyoming (WY)

阿拉斯加州
Alaska (AK)
◎安克拉治

內華達州
Nevada (NV)

◎鹽湖城

猶他州
Utah (UT)

◎丹佛

科羅拉多州
Colorado (CO)

◎舊金山

◎布萊斯峽谷

加利福尼亞州
California (CA)

◎拉斯維加斯

◎洛杉磯

亞利桑那州
Arizona (AZ)

新墨西哥州
New Mexico (NM)

太平洋

離島

因地理環境造就的優美景觀、氣候型態特色，形成熱門度假勝地，如可以欣賞極光的阿拉斯加(AK)、擁有濃厚南洋度假風情的夏威夷，一起享受陽光、沙灘、比基尼！

◎檀香山
夏威夷州
Hawaii (HI)

墨西哥

地圖繪製／許志忠

太平洋區

位於美國西岸的太平洋區，擁有人口密度最高的加州，以電影製作聞名的洛杉磯、藝文氣息濃厚的舊金山、五光十色的拉斯維加斯都是值得造訪的景點之一。著名城市：西雅圖、舊金山、洛杉磯、拉斯維加斯。

山區

除了「1英里城市」之稱的丹佛頗富盛名外，此區擁有多個國家公園，如：懷俄明州(WY)的黃石國家公園(Yellowstone National Park)，猶他州(UT)的布萊斯峽谷(Bryce Canyon National Park)等，愛好大自然環境的戶外之旅，絕對不能錯過此區。著名城市：丹佛、鹽湖城。

認識美國

加拿大

蒙特婁 ◎

緬因州
Maine
(ME)

多倫多 ◎

北達科他州
North Dakota
(ND)

明尼蘇達州
Minnesota
(MN)

南達科他州
South Dakota
(SD)

威斯康辛州
Wisconsin
(WI)

密西根州
Michigan
(MI)

紐約州
New York
(NY)

2

3

4 ◎波士頓

5   6

內布拉斯加州
Nebraska
(NE)

愛荷華州
Iowa (IA)

芝加哥 ◎

俄亥俄州
Ohio
(OH)

賓夕法尼亞州
Pennsyvania (PA)

7   ◎紐約

大西洋

伊利諾州
Illionis
(IL)

印第安納州
Indiana
(IN)

費城

8

堪薩斯州
Kansas (KS)

密蘇里州
Missouri
(MO)

肯塔基州
Kentuky (KY)

華盛頓特區 ★9

1

維吉尼亞州
Virginia (VA)

奧克拉荷馬州
Oklahoma (OK)

阿肯色州
Arkansas
(AR)

田納西州
Tennessee (TN)

北卡羅來那州
North Carolina (NC)

南卡羅來那州
South Carolina
(SC)

德克薩斯州
Texas (TX)

密西西比州
Mississippi
(MS)

阿拉巴馬州
Alabama
(AL)

喬治亞州
Georgia
(GA)

路易斯安那州
Louisiana
(LA)

◎紐奧良

◎休斯頓

墨西哥灣

佛羅里達州
Florida
(FL)

邁阿密 ◎

1. 西維吉尼亞州
   West Virginia (WV)
2. 佛蒙特州
   Vermont (VT)
3. 新罕布夏州
   New Hampshire (NH)
4. 麻薩諸塞州
   Massachusetts (MA)
5. 康乃狄克州
   Connecticut (CT)
6. 羅德島州
   Rhoda Island (RI)
7. 新澤西州
   New Jersey (NJ)
8. 德拉瓦州
   Delaware (DE)
9. 馬里蘭州
   Maryland (MD)

中部

　擁有廣大平原的中部是許多牛仔的發源地，其中以號稱建築之都的芝加哥，和德克薩斯州(TX)的第一大城休斯頓最具代表。著名城市：芝加哥、休斯頓。

東部

　美國東部主要是以密西西比河以東的州為劃分，是美國文化重要起源地之一；除了造訪大蘋果紐約，擁有便宜龍蝦的波士頓，再到邁阿密海灘放鬆等，喜愛城市觀光旅遊的你，絕對不能錯過。著名城市：波士頓、費城、紐約、邁阿密、華盛頓D.C.。

■主要城市

美國約80%人口居住於城市，其中位於東岸的紐約為人口最多的城市，西岸的洛杉磯則是美國的第二大城，位於美國中西部的芝加哥則是第三大都會區。

美國西岸的舊金山　　自由女神是東岸紐約的地標

■時差

美國共分6個時區，時間比台灣晚一天。日光節約時間調整日為3月第二個週日和11月第一個週日的02:00，詳細日期可以上網查詢(www.wwp.greenwichmeantime.com)。

換算時差看這裡

首先挑選好所在城市→找出此城市在地圖上的位置→看顏色判斷所屬時區→換算時間即可。範例如下：
- 夏威夷(夏威夷)→現為夏季(-17)，若現在台灣時間為晚上9點，則夏威夷為早上4點(21-17=4)。
- 舊金山(太平洋區)→現為夏季(-15)，若現在台灣時間為晚上9點，則舊金山為早上6點(21-15=6)。

■人口

美國人口統計至今超過3億人，其中以加利福尼亞州(California)為人口總數第一。全國雖以白人占多數，但在各州均可見拉丁美洲裔、非洲裔、亞裔等族群，堪稱民族大熔爐的最佳典範。

紐約是全美人口最多的城市

■語言

英語是美國最普遍的語言，但在各州常可見西班牙語、法語、德語、粵語、塔加洛語、越南語等多種語言，若是到各地中國城講國語也通用。

■國定假日

1月1日：新年(New Year's Day)	
1月第三個週一：金恩博士紀念日 (Martin Luther King Day)	
2月第三個週一：美國總統日(President's Day)	
5月最後一個週一：美國國殤紀念日(Memorial Day)	
7月4日：美國國慶日(Independence Day)	
9月第一個週一：美國勞工節(Labor Day)	
10月第二個週一：哥倫布紀念日(Columbus Day)	
11月11日：退伍軍人節(Veterans Day)	
11月第四個週四：感恩節(Thanksgiving Day)	
12月25日：聖誕節(Christmas)	

*資料整理製表/許志忠

時區	比台灣慢(小時)，夏季(3～10月)	比台灣慢(小時)，冬季(11～2月)	世界標準時間(UTC)
東部	-12	-13	-5
中部	-13	-14	-6
山區	-14	-15	-7
太平洋區	-15	-16	-8
阿拉斯加	-16	-17	-9
夏威夷	-17	-18	-10

認識美國

■飲用水

美國各州水質不同，基本上自來水均可以直接生飲，不需額外買瓶裝水，若是不敢直接生飲可煮沸再喝。

■氣候

由於美國溫差甚大，所使用的氣溫單位為華氏（°F），和台灣使用攝氏（°C）不同，所以當你看見37°F時，千萬不要以為天氣炎熱，只穿短袖與短褲出發。

■電壓

台灣電壓為110伏特，而美國電壓為120伏特，基本上電器均可使用，不需另外準備變壓器或轉接插頭。

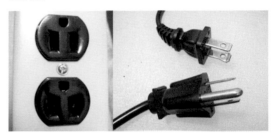

圖片提供／許志忠

■幣值

1美元約台幣29～32元左右，波動可上網查詢匯率換算（tw.money.yahoo.com）；常見紙鈔幣值有$1、5、10、20元，由於在美國塑膠貨幣（信用卡、支票）相當普遍，若是幣值超過50元以上，許多小商店無法找零。

圖片提供／許志忠

1分(penny)　　5分(nicket)　　10分(dime)　　25分(quarter)

50分(half dollar)　1元(dollar)　　100元 (Benjamin Franklin)

1元(George Washington)　　2元(Thomas Jefferson)

5元(Abraham Lincoln)　　10元(Alexander Hamilton)

20元(Andrew Jackson)　　50元(Ulysses S. Grant)

天氣查詢看這裡

奇摩氣象
點選北美洲→美國→城市名稱查詢即可。
網址：tw.weather.yahoo.com

美國國家氣象局
直接輸入郵政編號或城市名稱查詢各地氣象。
網址：www.weather.gov

溫度換算
美國氣象單位是華氏（°F），與台灣攝氏（°C）不同，60°F約=15.5°C、80°F約=26.6°C、100°F約=37.7°C。溫度換算公式如下：

攝氏→華氏：°C×9÷5+32=°F
華氏→攝氏：(°F-32)×5÷9=°C

Work
for
Experience

USA
Let's Go!

Travel
for
Pleasure

Work and Travel
in USA

認 識 美 國
打 工 度 假

什麼是Work and Travel？

想要申請WAT需要什麼條件資格？申請成功後又有哪些工作類型可以挑選呢？WAT和常聽到的澳洲打工度假(Working Holiday)又有什麼差別呢？本篇將一一為您解答。

什麼是Work and Travel？

美國打工度假(Work and Travel)是美國政府為了促進文化交流，鼓勵國際學生於暑假期間到美國打工旅遊，深入美國當地文化，提升語言能力的一項專案，由美國國務院授權給代辦公司(Sponsor)協助辦理。

為什麼要選擇美國
Work and Travel in USA

☑ 想打工度假，但覺得一年太長
☑ 想打工度假，怕在當地找不到工作
☑ 想要增進英文，卻不想補習與遊學
☑ 想到美國旅行，卻沒有足夠旅費

時常聽見去打工度假(Working Holiday)的消息，效期動輒1～2年不等，多半一生只能申請一次，假若選擇停留一年，勢必會影響課業，需要休學；若是選擇停留幾個月而返台，就浪費了簽證所給的期限。大多數打工度假都是拿到簽證，抵達當地後才開始找工作，會有找不到工作與住宿的風險，或是在找到工作前就把旅費花光，而選擇在美國打工度假不僅沒有上述問題外，還無申請次數的限制，只要你是學生或應屆畢業生，都可以再次申請。

申請條件資格
Work and Travel in USA

申請人必須為18～28歲各大專院校學生(含二技、四技、研究所、專四以上)學生或應屆畢業生，無申請次數限制，並取得在美國合法工作文件(DS-2019)與J-1交換訪客簽證。

■ 旅遊僅限30天

由於各國學生暑假不一，其合法工作時間限制也不同，就台灣學生而言，可工作期間為6/1～9/30，並於工作結束後可在美國旅遊30天，也就是說若雇主提供1～5月或10～12月的工作，台灣學生均不能選擇。

例如：小美工作時間為6/5～9/25，所以小美在工作結束後可以在美國當地旅遊至10/25，最晚必須在10/25晚上11點59分前離開美國。

各國打工度假比對表

國家	名額限制	次數	工作時間	年齡規定	備註
美國	無，依職缺名額而定	無限制	6～9月	18～28歲	須具學生身分或應屆
加拿大	1,000名，40名為特殊名額	1次	1年	18～35歲	沒通過，隔年重新申請
澳洲	無人數限制	1次	1年	18～30歲	符合條件可申請二簽
紐西蘭	600名	1次	1年	18～30歲	沒通過，隔年重新申請
英國	1,000名	1次	2年	18～30歲	需取得青輔會核發證明
韓國	400名	1次	1年	18～30歲	申請人須住在台灣
日本	2,000名	1次	1年	18～35歲	每年分兩次抽籤

＊資料時有異動，請以官方最新公告為準，申辦前請再次查詢確認。

黃石國家公園一直是美國打工度假熱門工作景點之一
(圖片提供／蘇亭臻)

■在台僑生也能申請打工度假

只要是台灣學生都可以申請美國打工度假，所以港澳或其他僑生同學，也都可以在台灣就學期間，申請去美國打工度假。

過來人提醒 美國打工VS美國遊學

想要增進英文又想出國旅行不再只是遊學的專利了，在美國打工度假不僅可以在暑假期間打工賺錢，結交世界各地的朋友，加強英文聽說能力，訓練獨立自主的精神，價格不但比遊學便宜許多，還可以體驗當地生活，是個非常特別的經驗！

工作最開心的莫過於和外國同事一起上班

打工時可結交來自各地的廚師

代辦公司(Sponsor)
Work and Travel in USA

這是美國國務院授權推廣美國打工度假的相關機構，申請人須在台灣選擇符合需求的Sponsor (俗稱代辦公司)，由代辦公司協助取得在美國合法工作文件(DS-2019)，辦理J-1交換訪客簽證。換句話說，申請人想要前往美國打工度假必須透過代辦，不能自行申請。

台灣代辦公司眾多，各代辦公司所合作的雇主均不同，工作場所不外乎是主題樂園、飯店、餐廳等，若是有特定想去的主題樂園(如迪士尼)或國家公園(黃石國家公園)等，要找有合作關係的代辦機構，可不是任何一家代辦都可以喔！

台灣代辦機構除了核發在美國合法工作文件(DS-2019)、協助取得簽證(J-1)外，還有負責出發前的相關問題諮詢，及在美國工作期間的保險，各代辦公司的保險規定均不相同，在決定前往美國打工度假，卻不知道在哪一洲工作的你，建議上網搜尋評價，貨比三家，挑選負責的代辦公司，將會使申請過程簡單許多。

想去特定去的主題樂園或國家公園工作，要找有合作關係的代辦機構(圖片提供／林敬旻)

過來人提醒 美國打工須持J-1簽證

2012年美國開放免簽，所指的是免觀光簽證，欲前往美國打工度假的同學，還是必須持有合法文件(DS-2019)後，申請交換賓客簽證(J-1 Visa)。

常見工作類型

前往美國打工度假，究竟可以去哪些工作場所工作呢？除了到餐廳當服務生之外，還有哪些工作職務呢？本篇將美國打工度假列出4種常見的工作場所，並列出各場所工作性質及優缺點。

餐廳

Work and Travel in USA

最普遍的工作場所，工作職位也依各餐廳類型而有所不同，如自助餐（Buffet），可能不會有專門的服務生，卻多了特定食材的準備人員；含表演性質的餐廳會多了樂手、表演者等。但最大共通點就是：一定會有小費！

在小費文化盛行的美國，餐廳是首當其衝的！獲得小費的多寡，也依各餐廳規定不同而定；有些餐廳會統一收取，1～2週結算後依職位、工作性質等分給員工，而非採取平分；有些餐廳則是由各區服務生收取，再依比例給助理及帶位人員，但有些帶位人員不一定會有小費；通常由服務生收取小費的餐廳，內場人員多半沒小費可領，而服務生時薪往往不高。

從客人一進餐廳，會有帶位人員協助座位安排，服務生遞送茶水，介紹菜單、點餐、上菜，於客人享用餐點的同時，適時出現詢問餐點滿意與否，及是否需加點甜點部分，並協助客人結帳。

工作職務

- **帶位人員(Host)**：負責訂位、帶位、發送號碼牌等餐廳接待，有時須兼任收銀工作。
- **服務生(Staff / Sever / Waiter)**：需流利的英文能力，點餐、上菜、滿足顧客需求、結帳等。
- **服務生助理(Busser / Food Runner)**：協助服務生遞送餐點與茶水、收碗盤、清潔桌面，主要負責外場。
- **廚房助理(Line Cook / Kitchen Staff / Prep Cook)**：簡易烹煮及食物加熱、準備食材、內場清潔，主要負責內場。
- **洗碗工(Dishwasher)**：負責清洗，舉凡碗、盤、杯子、刀叉等用品，需操作洗碗機及烘碗機。搬運重物，多半由男生擔任。
- **收銀員(Cashier)**：結帳、收銀、顧客諮詢。

內場常見的工作多半是助理性質，即是幫廚；舉凡洗菜、切菜、補充食材、內場清潔、打掃等，規模較大的餐廳還會特別徵洗碗工，專門協助碗盤洗滌、分類並搬運，往往需大量體力，因此多以男性為主要招募對象。

1.餐廳外場會有專門的工作人員／**2.**沙拉備料是廚房助理的工作之一(圖片提供／李倖誼)／**3.**大型餐廳櫃檯／**4.**廚房工作人員

主題樂園 / 度假村 / 國家公園

Work and Travel in USA

餐廳工作活動範圍僅止於室內,但在主題樂園、度假村、國家公園等大型場所工作,內容五花八門;有時得接受日曬雨淋、或是街頭叫賣、操作大型遊樂設施、維持現場秩序,還得維護顧客安全,責任重大。

面對包羅萬象的工作,你可能擔任不只一種職務,哪個單位缺少人手,你得前往遞補。旺季時,可能一週工作7天;淡季時,可能一週只有2天;有時候上班到一半,主管會請你回家,以便減少工時;有時候休假在家睡覺,接到電話你就得立刻上班。工作時間往往取決於公司,天氣好、客人多,相對的工作時數會較長;天氣差、客人少,工作時數自然遞減。

雖說工作時數不穩定,要學會的工作不只一種,但是你可以認識更多不同國家的朋友,來場文化交流;工作時數少時,可以安排小旅行,前往其他城市來個兩天一夜的旅行,甚至更長。工作結束,還可以玩遍遊樂設施;遇到特殊節慶,可以觀賞遊行表演、煙火秀等,這些特殊經驗都是一般小型餐廳無法體驗到的。

工作職務

- **主題樂園工作人員(Amusement Park Worker)**:發送傳單、穿玩偶裝、遊行等,屬機動性人員。
- **售票員(Ticket Sales)**:銷售、點收票券、顧客諮詢及收銀。
- **收票員(Ticket Checker)**:負責收票券、打孔、蓋章、顧客諮詢服務。
- **商店零售員(Retail Sales)**:販賣紀念品、上下貨、貨品上架,需操作收銀機。
- **遊樂器操作員(Game Operator / Ride Operator)**:操作遊樂器,並協助顧客娛樂、注意安全,長時間曝曬陽光下,有時需點收現金或招攬客人。
- **販賣部服務員(Concession Worker)**:販售餐點,簡易料理及食品加熱,如爆米花、熱狗等;需操作收銀機。
- **救生員(Lifeguard)**:戶外居多,長時間曝曬陽光,久站,要會游泳不一定要有救生員執照,需受訓並考試。
- **駕駛員(Driver)**:運送人員,如遊行;運送食品、貨物等,需有國際駕照。

1.清垃圾也是園區人員的工作(圖片提供 / 林敬旻)
2.六旗遊樂園餐廳後場(圖片提供 / HUI WEI WU)
3.德州水上樂園滑水道(圖片提供 / 林敬旻)
4.六旗遊樂園販賣部服務員(圖片提供 / HUI WEI WU)

飯店 / 旅館 / 汽車旅館
Work and Travel in USA

工作性質相對於遊樂園較單純，除櫃檯人員需有良好英文外，其他工作項目所要求的英文能力不高，門檻較低，建議英文能力較無信心的同學可以考慮。

工作內容通常有完整的標準作業程序（SOP）可遵循，出錯率較低，也較容易上手；相對的工作性質較枯燥乏味；房務員的工作內容即是清潔，整天工作下來多半是自己一個人獨立完成，較少與人接觸；櫃檯人員的門檻較高，往往需有流利的英文，應對能力良好，為飯店第一線工作人員，個性需要活潑外向。

房務員工作雖較無趣，工作內容單調但上手容易，常有意外驚喜；有時拿到一晚20元的高額小費，前一晚的客人可能留下餅乾、飲料，甚至是未用完的保養品；拾獲東西需繳回失物招領處，一個月後無人領取，部分飯店則會將東西轉交給你，由你決定是否丟掉或留著使用。作者在當房務員的時候，最常拿到的就是英文小說，曾有一

工作職務

● **門侍 / 行李員(Bell Boy / Hop)**：幫客人開門、協助行李運送(如：將行李送至房間或車廂後)。
● **櫃檯人員(Front Desk)**：協助訂房、入住、退房、顧客諮詢。
● **房務員(Housekeeper / Room Attendant)**：客房清潔整理，換床單、吸塵、清潔廁所、補充盥洗用品。
● **洗衣房人員(Laundry)**：負責清洗床單、被單、枕頭套等用品，並烘乾、摺疊、搬運等，工作場所多半沒有冷氣提供，需長時間站立。

個月拿到10本小說的紀錄呢！

還有一項令人羨慕不已的福利是員工折扣；由於你在飯店工作，屬飯店員工，所以旅行時的住宿可以透過飯店預訂；作者在夏威夷、聖地牙哥時的住宿，透過飯店預訂享有65折的折扣，省下不少鈔票呢！

1.在洗衣房邊摺毛巾，邊和同事聊天(圖片提供／楊師睿)
2.房務員必備的工作車(圖片提供／張季庭)
3,4,5,6.房務員的四大工作：刷馬桶、收垃圾、摺毛巾、換床單
7.飯店櫃檯服務人員(圖片提供／洪靜而)

認識美國打工度假

連鎖商店
Work and Travel in USA

一般人對於連鎖商店較不陌生，像是連鎖超市、連鎖咖啡廳等，尤其是知名連鎖速食店，如麥當勞、肯德基、SUBWAY等，工作內容與台灣的速食店相差不大，只是語言不同罷了。

工作性質也較單純，內場人員負責準備食材、簡易烹煮等廚房事務，外場人員負責點餐、收銀、出餐等櫃檯事務；分工與一般餐廳相較之下較為簡單，但通常在速食店是沒有小費可以領取的！只有部分速食店會在收銀櫃檯擺放小費箱，由客人決定是否要給予小費。

員工福利多半會有免費飲料無限暢飲，或是提供員工餐點等；要特別注意的是：通常知名速食店均不提供住宿，所以想要選擇在速食店工作的人，得自行在外租屋，比起其他有提供員工宿舍的工作場所，較為麻煩。

1.大賣場收銀員
2.在美國麥當勞工作也是相當特別的工作經驗
(圖片提供 / 楊昌憲)

工作職務

● **餐飲服務員 / 收銀員(Counter Attendant / Cashier / Fast Food Worker)：**點餐、準備餐點、收銀、櫃面清潔、清點貨物。
● **食物準備員(Food Preparer)：**協助遞送物品及補充，常為特定崗位的食物處理。如：負責炸薯條，包裝並遞送。
● **廚房助理(Line Worker)：**簡易料理、食物加熱，並協助上餐點、遞送飲料，內場清潔等。

過來人提醒 | **哪個工作比較好呢？**

在餐廳工作有小費可領，下班時若有未售完之餐點，可打包回家；在遊樂場工作，可以免費玩遊樂設施，省了門票錢；於飯店工作，有旅遊住宿折扣，不用日曬雨淋，工作時有冷氣可吹；不同的工作場所，有不同的員工福利，至於究竟哪個工作比較好呢？因人而異囉！

各種工作優缺點

工作場所	優點	缺點
餐廳	小費、可打包食物、員工餐點、工作時有冷氣	工時短、內容單調
主題樂園	免門票、工作內容多元、有遊行與煙火等特殊活動可觀賞	工時不穩定、有時需日曬雨淋
飯店	小費、工作時有冷氣、連鎖飯店住宿有折扣(可跨州使用)	工作性質單調
速食店	員工餐點、飲料無限暢飲、工作時有冷氣	無小費、不提供宿舍

如何申請美國打工度假？

　　參加Work and Travel有一連串繁瑣的步驟，以及密密麻麻的文件得準備和填寫。在準備的過程中會因為不知道該如何填寫而傷透腦筋，全力搜尋卻不確定手上的資訊是否正確，遭遇種種困難卻找不到方法解決，本篇將帶領你找到正確的出口。

申請步驟
Work and Travel in USA

詳細了解完整計畫後，就要開始著手準備囉！面對繁瑣的文件，複雜的手續是否不知道該如何開始呢？以下為Work and Travel（WAT）申請步驟表，只要依照表格依序完成就可以囉！

項目	備註	我的完成日
認識Work and Travel(WAT)		
選擇代辦機構	繳交報名費	
英文檢測		
繳交申請文件 ●護照　　　●英文在學證明 ●AAG正式申請書　●英文版良民證 ●AAG同意書　　●英文版履歷表	詳見P.28「申請文件與證件」	
取得AAG 帳號與密碼		
填寫線上申請表		
進行工作選配		
面試	詳見P.27「英文檢測」	
收到(DS-2019)等相關文件		
辦理相關證件 ●國際駕照　●國際學生證 ●國際青年旅館卡(YH Card)	詳見P.31「其他相關證件」	
辦理簽證必要文件 ●有效護照正本與舊護照 ●全戶戶籍謄本(中文)或外僑居留證 ●SEVIS收據與DS2019正本 ●工作文件(Job Offer) 輔助文件 ●英文版在校成績單　●就讀學校學生證 ●英文版存款證明	詳見P.31「辦理美國簽證」	
預訂機票	詳見P.40「飛往美國的機票」	
辦理機票開票	建議拿到簽證再開票	
參加行前說明會	依各代辦時間而定	
參加Sponsor線上說明會		
辦理保險事宜、辦理旅支、兌換美元、整理行李	詳見P.44「搞定保險一把罩」、P.46「打包行李準備出發」、P.50「前進美國打工要帶多少錢」	
填寫抵達資訊並告知雇主		
出發		

選擇代辦機構
Work and Travel in USA

■菁展

　　免費提供4堂英文課的菁展，是近幾年評價很好的代辦公司。每週提供工作資訊，選好工作後回信預約面試，依寄信時間篩選，若是想在遊樂園工作，除了有六旗遊樂園（Six Flags）外，還有水上遊樂園（Great Wolf Resort）與國家公園旁的度假村（Ruby's Inn）可選擇。

網址：www.marigold.tw／**電話**：(02)2528-3670／**地址**：台北市松山區南京東路五段15號11樓／**時間**：週一～五09:30～17:00／**交通**：捷運南京東路站(兄弟飯店旁)

■CIEE

　　CIEE的歷史相當悠久，在美國也有服務處，是個相當有規模的代辦公司，若是工作想選擇黃石公園，那就必須選擇CIEE，由於人數眾多，名額有限，想要挑選工作建議在9～10月就要報名。

網址：www.councilexchanges.org.tw／**電話**：(02)2364-0228／**地址**：台北市大安區羅斯福路3段335號11樓／**時間**：週一～五09:30～18:00／**交通**：捷捷運公館站3號出口

■飛達

　　曾有辦理美國佛羅里達州迪士尼（Disney World）的代辦公司。

網址：www.youthtravel.com.tw／**電話**：(02)8771-5599／**地址**：台北市大安區光復南路102號7樓／**交通**：捷運國父紀念館站5號出口

■IEE

網址：www.ieenet.com.tw／**電話**：(02)2370-2277／**地址**：台北市中華路一段78號7樓／**時間**：週一～五09:00～18:00／**交通**：捷運西門站6號出口

■遠景安

網址：www.bfi.com.tw／**電話**：(02)2729-4551／**地址**：台北市基隆路二段13號5樓

英文檢測
Work and Travel in USA

　　想要參加WAT計畫首先得先通過英文測驗，這是參加WAT的第一關，可馬虎不得！小小的英文測驗是要確認我們有基本日常生活溝通的能力，若是無法通過檢測，可是不能參加WAT的喔！通常英文檢測部分是一對一的形式，但有少部分的代辦是採取小團體面試（如一對五）。

歌唱技巧橿佳的牛仔三兄弟

面試考古題

　　面試問題往往大同小異，主要還是純粹依據個人遇到的情況，因人而異，但多半都離不開個性、工作經歷、學校、家庭等幾個容易問到的問題。以下列出的考古題可事先準備：

● What's your name? How to spell?(請問你的名字？如何拼寫)
● Talk about yourself.(請自我介紹)
● How's your day?(你今天好嗎？)
● Where/What do you study?(你就讀的學校？你的主修學科？)
● Have you ever been to the U.S or any other country?(你曾經去過美國或其他任何國家嗎？)
● What do you want to do? Why?(你想要做什麼？為什麼？)
● How do your parents feel about you participating in the program?(你的父母對於你參與打工度假的想法？)
● If I were the employer, what makes me want to hire you?(如果我是雇主，什麼是讓我雇用你的原因？)

過來人提醒 ｜ 面試小撇步

面帶微笑，眼睛注視對方回答，若是無法以完整句子回答，請以簡潔明瞭的單字回答即可，切勿沉默不答，面試官主要是確認你有基本溝通能力，可以在美國生活即可。面試時難免會緊張！但應仔細聆聽對方發問，如果有聽不懂的問題，可直接向對方詢問，絕對不可以敷衍應答。

面試前應確認
☑ 手機關機了嗎？
☑ 鬧鈴或者會發出聲音的電子設備都關掉了嗎？
☑ 應著合宜的服裝(即便是夏天，切勿穿拖鞋)
☑ 髮型及妝容別過度誇張

申請文件與證件
Work and Travel in USA

通過英文檢測後，接下來就要開始著手申請文件的步驟啦！參加WAT的申請文件共有6大項，分別是護照、AAG正式申請書、AAG同意書、英文在學證明、英文版良民證、英文版履歷表。接下來就讓我們跟著本篇步驟一一填寫吧！

■申辦護照

出國旅遊最重要的莫過於護照！它等同於我們在國外的身分證！中華民國國民首次申請護照須攜帶兩吋護照規格之照片，本人和監護人之身分證正本、影本各乙份，至外交部領事事務局各辦事處(台北、台中、高雄、花蓮)申請即可。

■AAG正式申請書、同意書

AAG申請書及同意書是WAT準備文件中，第一份會看到密麻如蟻般的英文文件，倘若你是害怕英文的人有福了！本篇附上申請書及同意書的範本供參考，依序跟著右頁的範本填寫即可！

護照這裡辦

外交部領事事務局
網　　址：www.boca.gov.tw
申請時間：週一～五08:30～17:00
　　　　　週三延長受理至20:00止(國定例假日除外)
工 作 天：一般件為4個工作天
　　　　　遺失補發件為5個工作天
護照規費：新台幣1,300元整

台北辦事處
地　　址：台北市濟南路一段2-2號3～5樓
電　　話：(02)2343-2807

台中辦事處
地　　址：台中市黎明路二段503號1樓
電　　話：(04)2251-0799

高雄辦事處
地　　址：高雄市成功一路436號2樓
電　　話：(07)211-0606

花蓮辦事處
地　　址：花蓮市中山路371號6樓
電　　話：(03)833-1041

＊以上資料時有異動，以外交部最新公告為主。

■英文版在學證明

「在學證明」顧名思義就是證明你是學生的文件，因為WAT的申請資格首要條件就是年滿18歲，就讀大專(或大專以上)的學生。由於WAT申請文件是要交給美國機構(AAG)審查，必須是英文版的(中文版不受理)，申辦英文版在學證明相當簡單，只要到學校教務處／學務處／註冊組申請即可。

■申辦良民證

警察刑事紀錄證明書就是所謂的「良民證」，不論是出國移民、辦理簽證、國外留學、工作等，都需要無犯罪證明。辦理方式有分為現

認識美國打工度假

AAG申請書填寫範例

J-1 WORK/TRAVEL PROGRAM
participant application

alliance abroad group ®

Please attach one passport photo here

Alliance Abroad Group Participant ID: _____ Name of overseas agency: 代辦名稱

All sections must be filled in completely in order for your application to be accepted. Please print clearly

ARRIVAL AND DEPARTURE DATES (Total program duration cannot exceed 4 months)   填寫日期均為(日/月/年)，日期先填，可再修改

Arrival Date in the U.S: 抵達美國 (no more than a week prior to program start date)
Program Start Date: 工作開始 (cannot be beyond your vacation dates on your proof of student status and should match with your Job start date)
Program End Date: 工作結束 (cannot be beyond your vacation dates on your proof of student status and should match with your Job end date)
Departure Date from the U.S: 離開美國 (no more than 30 days after program end date)

PERSONAL DATA

Chang 姓   Tai-Ya 名字
Last Name   First Name   Middle Name

Gender: ☐ Male 男 ☑ Female 女 Date of Birth: 01/01 /1992 City of Birth: Taipei
Country of Birth: Taiwan   Country of Citizenship: Taiwan
Country of Legal Permanent Residency: Taiwan
Have you ever been convicted of a crime? ☐ Yes ☑ No

Have you ever participated in the J-1 Work/Travel Program? ☐ Yes ☑ No If yes, which year(s): _____
Place(s) worked: _____ Position(s): _____ Sponsor(s): _____
Do you have a U.S. Social Security Number? ☐ Yes ☑ No If yes, what is it? _____
Have you ever been denied a visa by a U.S. Embassy? ☐ Yes ☑ No   需據實填寫有無J1簽證、社會安全卡

How did you find out about the Alliance Abroad Group J-1 Work/Travel Program?
☐ Recruiting Fairs ☐ www.allianceabroad.com ☐ My school
☐ Friends/Relatives ☑ Agency in my country ☐ Other: _____

PARTICIPANT'S CONTACT INFORMATION

2 F, No.13, Jiantan Road   Taipei   11167
Current Mailing Address (Not Post Office Box) City/Province Postal Code
Country: Taiwan   +886 2 2882 0755 Fax: _____
Mobile: +886 935 000 000   Email: taiya@morningstar.com.tw (mandatory)

*Email address must be valid now and also through the whole program so we can reach you.

EMERGENCY CONTACT INFORMATION

Name: Chang Ya-Tai   Mobile Phone: +886 922 000 000
Mailing address: 2 F, No.13, Jiantan Road, Taipei 11167, Taiwan
Phone: +886 2 2880 7556   Email: taiya@morningstar.com.tw

RV. 11/19/07   alliance abroad group, L.P.

簽名處

Chang Tai-Ya

Print Name Chang Tai-Ya Chang Tai-Ya 06/12/2013
姓名   簽名   日期

場及網路申辦。現場辦理至各縣市警察局(非派出所)申請，良民證將提供郵寄服務；透過網路申請者，需備妥身分證明自行取件。

必備文件
☑ 申請書一份(至警局服務台或上網索取)
☑ 身分證正本與正反面影本
☑ 護照影本(為避免名字英譯錯誤，仍需帶正本查驗)
☑ 如為外僑須附護照居留證、居住證明書或其他可證明之文件

良民證這裡辦
台北市警察局外事科
地　　址：台北市中正區延平南路96號
電　　話：(02)2381-7494
申請時間：週一～五08:30～17:00
工 作 天：從申請日算起約4～7天
　　　　　(各縣市警察局進度有些微差異)
申請規費：新台幣100元整

＊以上資料時有異動，以各縣市警察局最新公告為主。

■英文版履歷表

　　履歷表該如何撰寫呢？還在為文筆不好而不知該從何下筆嗎？履歷表該具備的內容又有哪些呢？自傳部分該寫多少內容呢？右邊附上英文版履歷表的範本供參考，接下來就好好的模擬填寫一下囉！

1.Education：學歷
2.Work Experience：工作經驗
3.Interests：興趣
4.Language：語言能力
5.Computer Knowledge：電腦技能
6.Self Introduction：自我介紹

過來人提醒　寫履歷有訣竅

　　請務必根據自己實際經驗改寫，並附上清晰有笑容的獨照，頁數以2頁內為主，可依據本篇英文履歷表中的項目作為填寫依據，若有工作經驗務必寫在履歷表上，以下列出較為重要的項目供參考：
☑社團活動與工作經驗
☑外語能力與相關證書
☑競賽或座右銘等正面內容
☑家庭與學校

英文履歷表填寫範例 (菁展顧問潤飾)

Chang, Tai Ya

1
Female
1990/01/01
2F, No.13, Jiantan Rd., Shilin Dist.
Taipai City 11167, Taiwan
+886 2 2882 0755
taiya@morningstar.com.tw

Education

2
Taiya University　　　　2008~Present, Taipei, Taiwan
Major: Public Policy

Work Experience

Administration Assistant at a cram school [September, 2011~Present]
　✧ Roll call
　✧ Document delivering, data key in & handling
　✧ Phone answering

Earth Music ecology [January, 2011~June, 2011]
　✧ As a sales assistant in a department store.
　✧ Sales floor manager
　✧ Customer service
　✧ Cashier

VieShow Cinemas Taipei Q Square [September, 2009~June, 2011]
　✧ Ticketing
　✧ Cashier
　✧ Customer service

Far Eastern Plaza Hotel Restaurant [June, 2008~September, 2008]
　✧ Giving menu explanations
　✧ Taking orders

3
Interests

-Music: Pop, Jazz and Classical
-Activities: Dancing, traveling, singing, shopping and cooking
-Movies: Action, Romance, Comedy and Drama
-Reading: Arts & Photography, Business & Investment, Cooking, Food and Literature

4
Language

Fluent in Mandarin (all four skills), English, and Taiwanese
Basic knowledge of Cantonese and Japanese

5
Computer Knowledge

Software: Office2007、IE、Firefox、Google Chrome
Operating: Windows 7、Microsoft Office、Photoshop

6
Self Introduction

　　My name is Chang Tai-Ya, nickname is yaya. My personality is easy-going, nice and responsible. I like new challenges. Besides English, I also studied Japanese for two years. Japanese conversation is not overly difficult for me.

　　Life is about learning and my favorite interest is learning. Listening to music, reading, traveling and cooking are all interests of mine. Reading is the fastest way to learn and it can make me have a more mature view of the world. Listening is my way to release pressure when I face challenges. It is said that "The longest journey starts with a single step." Traveling has encouraged me to open my mind.

　　I have had a lot of work experience, such as working at the Vie Show Cinemas and Shangri-La's Far Eastern Plaza Hotel Restaurant: One, a famous cinema, the other a famous restaurant. Each day I would have to face a great number of customers. Both workplaces have many employees who had to understand the importance of team cooperation. My past employers have said that I'm a dynamic, honest and responsible worker. They lauded my excellent abilities, and they appreciated me greatly.

　　Owing to my job experience, I'm good at solving customer questions and giving them an immediate response. I never leave early and am never late for work. When I face a new challenge, I can always handle it. I'll try my best to learn, overcome and do my best at anything.

■其他相關證件

國際學生證

擁有國際學生證除了有24小時全球免費緊急諮詢電話外，還可享博物館、主題公園與公車、火車、租車等優惠，最重要的是可購買比一般機票便宜許多的學生機票，是前往美國必辦理實用證件之一。

網址：www.statravel.org.tw/isic/card.asp／**地址**：台北市忠孝東路四段142號5樓505室／**時間**：週一～五09:00～17:30，週六09:00～12:30／**費用**：新台幣300元

旅行 小 祕 方

ISIC國際學生證金融卡

使用部分信用卡購買機票，有額外附贈保險等優惠（詳見P.44），若是沒有信用卡，可以考慮辦理台灣銀行的「ISIC國際學生證金融卡」，除了具有國際學生證的功能外，還可有「VISA金融卡」的功能，刷卡付機票還有額外保險，詳細內容請參考網站。

國際青年旅館卡(YH Card)

只要辦理YH卡就能享有全球6,000多家的青年旅館住宿優惠，辦理的地方與機構和國際學生證相同，詳細內容請參閱網站。

電話：(02)8773-1333／**費用**：新台幣600元

國際駕照

若是想在美國租車旅遊，除了準備台灣駕照外，還得辦理國際駕照；只要準備護照、2吋照片2張、駕照、身分證等資料，至各地監理所辦理，當天就可領取。

辦理美國簽證

Work and Travel in USA

收到DS2019文件後，就可開始著手辦理簽證，所需申請文件、繳費等較為繁瑣，只要根據以下步驟Step by Step，就能輕輕鬆鬆辦好美國簽證。

Step 1

填寫簽證申請表(DS160)

登入填寫系統（ceac.state.gov/GENNIV/Default.aspx）進行線上登錄，需準備好相關資訊方便填寫，如：護照、工作檔案、戶籍謄本等文件，以及父母姓名羅馬拼音與生日。

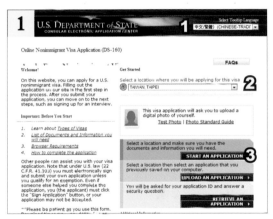

1.選擇語言提示為「中文(繁體)(Chinese-Tradition)」
2.選擇填寫地為「TAIWAN,TAIPEI」
3.點選「START AN APPLICATION」

實用英文單字

- **START AN APPLICATION**：開始為一份空白DS160申請表
- **UPLOAD AN APPLICATION**：上傳之前已填寫的DS160申請表
- **RETRIEVE AN APPLICATION**：查看已填寫完的DS160申請表格之確認單，或調閱之前已輸入過的DS160申請表，需輸入Application ID和安全提示

**此步驟相當重要，每次登入均需APP-
LICATION ID和安全提示**
1.很重要的申請帳號，務必複製並列
印下來，每次填寫均需此帳號
2.設安全提示，完成後按「Continue」

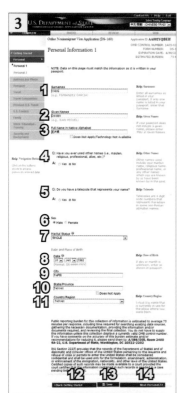

1.護照上英文姓氏
2.護照上英文名字
3.護照上中文姓名
4.是否使用過別名或改名？
5.是否用電碼代表名字過？
6.性別：Male(男性)、Female(女性)
7.婚姻狀況：Single(單身)
8.生日：日/月/年
9.出生城市
10.出生省分
11.出生國家
12.回上一步驟
13.儲存
14.前往下一步驟

1.地址/2.電話/3.電子郵件

1.國籍
2.是否具有其他國籍身分
3.身分證號碼或僑居證號碼
4.美國社會安全碼，若有請確實填寫

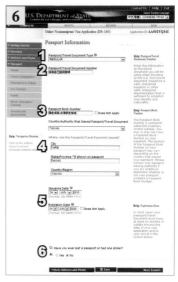

1.護照種類填選「REGULAR」
2.填入護照號碼
3.台灣學生不必填，僑生同學需填寫
4.護照發給城市/省分/國家
5.護照發給、到期日期：日/月/年
6.若護照曾遺失或遭竊，需確實填寫

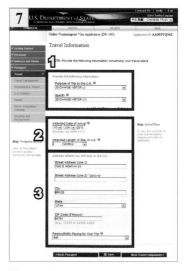

1.簽證種類：選Exchange Visitor (J1)
2.抵達美國日期/預計停留時間
3.停留美國地址(可填寫工作地址，Job Offer內有)

旅遊同伴資訊，請確實回答

之前的美國旅遊資訊
1.是否去過美國？
2.是否辦過美國簽證？
3.是否曾申請美簽被拒絕過？或入境美國曾被拒絕過？
4.是否曾申請美國移民？

美國連絡人資訊(可填寫AAG機構或雇主資訊，詳見工作檔案(Joboffer)，可參考範例)

父母資訊
1.父親資訊：英文姓氏／英文名字／生日／是否人在美國？
2.母親資訊：英文姓氏／英文名字／生日／是否人在美國？
3.是否有家人在美國？是否有親戚在美國？

填入學校資訊

工作狀態：建議填寫No，以免面試官詢問

安全與背景Part 1：請全部填寫「NO」

安全與背景Part 2：請全部填寫「NO」

安全與背景Part 3：請全部填寫「NO」

安全與背景Part 4：請全部填寫「NO」

安全與背景Part 5：請全部填寫「NO」

填寫家人以外的2位連絡人資訊(可填寫同學)

1. Sevis ID：每位同學均不同
2. Program Number：均相同
3. 這部分請選「NO」

上傳美簽專用照片
照片大小5x5cm，詳細內容可至網站查訊：www.ait.org.tw/zh/niv-applications.html

22 完成填寫後，需再次確認資料才可提交(Submit)，提交後就不能再修改了。

23 Online Nonimmigrant Visa Application(DS-160) Confirmation

提交後記得將有條碼的確認單列印下來，帶去面談：填寫完畢提交後，需用標準A4空白紙列印含條碼的「DS160確認單」，切勿選擇有花紋或彩色紙，並於左下角貼上美簽專用大頭照

過來人提醒　隨時按存檔

填寫DS160時間約1～2小時不等，每頁資料填寫完成後，建議先按存檔(SAVE)，以免時間過長而跳出，又必須重填，若視窗不慎跳出，可登入Application ID和安全提示，即可再次叫出上次存檔內容，如圖所示。

回上一步驟　儲存　往下一步驟

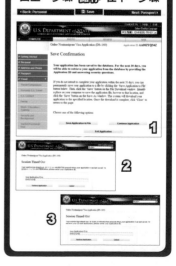

認識美國打工度假

Step 2

預約面談時間

需線上預約面試時間，並列印預約確認單，帶至美國在台協會才可進入面談。

1

先登入台灣源訊網址：www.visaagent.com.tw/niv/ch-index.asp，選取步驟2「登入預約系統」

2

填取資訊後，按「首次登入預約系統」，會出現一組13位數的「預約密碼」務必複製抄下來

3

填入護照號碼，密碼為上個步驟的預約密碼，簽證類別請選擇「J-1交換賓客簽證」後，按「登入」

4

預約面談日期
3333333333

預約日期

DS-160確認碼　AA000A000A

Sevie No.　N0000000000

點選「進行預約」

過來人提醒

有顯示數字表示尚可預約的人數，沒顯示數字表示預約已滿，不能預約，確認好時間後，點選時間上的「數字」。例如：表格顯示5，表示還有5個名額可預約。

5

非移民簽證預約系統・預約面談

您的預約日期：2012/5/9

您的報到時段：08:30

您的護照號碼：0000000000

尚未完成預約！！

請按下「確認時段」鈕按完成預約！！

只要點選時段上的數字，按「確認時段」就預約成功了，若時間錯誤則按「回上頁修改」即可

6

非移民簽證預約系統・

預約已完成，謝謝您的使用!!

請注意！務必列印「簽證預約單」，未出示預約單者，不得進入美國在台協會。為維護您的權益，請出示最後一次紀錄之簽證預約單，始可面談。

如欲更改或取消已預約完成的時段，請點選「查詢預約的紀錄」。

預約完成後，請點選「列印簽證預約單」把預約單列印下來

非移民簽證預約單

報到時間	2012 年 05 月 09 日 / 08:30
申請人姓名	TSAI YAO YAO 蔡曜曜　5555 5555 5555	年齡 20
		性別 男
父 親 姓 名	TSAI, SHENG SHENG 1963/1/20
母 親 姓 名	TSAI, CHIAO CHIAO 1963/1/20
簽 證 類 別	J1. 交換賓客簽證 (Summer Travel / Work)
DS-160確 認 碼	AA000A000Z
面 談 地 點	

預約完成後，請點選「列印簽證預約單」把預約單列印下來

7

非移民簽證申請檢核表

預約單列印完後，務必熟讀「工作權利小冊子」，辦理簽證當天，大部分面試官均會詢問是否閱讀過「工作權利小冊子」，務必回答「有」

Step 3

繳交費用

辦理簽證需繳交簽證費與付給台灣源訊資料處理中心的服務費，以繳交台幣方式至郵局現場劃撥。收據1年內均有效，面談時需繳交收據正本，遺失不補發，費用也不予退還，詳細金額請至網站查詢：www.ait.org.tw/zh/nonimmigrant-visas-fees.html。

Step 4

備妥各種文件

■必要文件

☑有效護照正本：需至打工度假結束後，多6個月的效期
☑所有舊護照
☑若是舊護照不見，需至出入境管理局申請「出入境紀錄」。曾申報遺失者，則需提出「報案警察證明」

■輔助文件

☑英文版在校成績單：需英文版，就讀學校大一至今的所有在校成績單
☑就讀學校學生證
☑英文版存款證明或存款簿：建議新台幣10萬元以上，若為自己的帳戶可直接攜帶存摺，父母的帳戶需另補父母同意書(英文版)

過來人提醒 ┃ 曾放棄綠卡需提供證明

若曾經有放棄美國居民身分或綠卡者，需提供放棄證明，詳細辦理簽證流程，可參閱美國在台協會網站：www.ait.org.tw/zh/how-to-apply-niv.html。

舊護照申報遺失這裡辦

台北市出入境管理局
可在此申請全戶戶籍謄本(中文)或外僑居留證。
☑台灣居民：全戶戶籍謄本，需詳細記載全戶記事內容
☑非台灣居民：相關台灣簽證，如：外僑居留證
☑SEVIS收據(或可線上列印電子收據：www.fmjfee.com/i901fee/dhs/loadSearchPage.do)、DS2019正本(向代辦索取)
☑工作文件(Job Offer)

線上申請：www.immigration.gov.tw/ct.asp?xItem=1115667&ctNode=32503&mp=1
地　址：台北市廣州街15號
電　話：(02)2388-9393

＊以上資料時有異動，以外交部最新公告為主。

Step 5

攜帶文件親自面談

準備好簽證相關文件，確認面試時間後，就可前往美國在台協會(AIT)面試，面談只有一次機會，若是失敗想再辦理簽證，需重填一份申請表並再繳一次費用，若想要面談一次就成功，可參考以下步驟。

■觀看實境模擬

建議可先上網觀看「美國簽證虛擬實境模擬(virtual.ait.org.tw/zh)」，內有詳細的面試流程內容，含動線圖，可減緩緊張感。

■穿著符合學生身分

面試當天建議穿著樸素，切勿過度打扮，盡量避免配戴貴重飾品與名牌服飾。

■面試重點

面試全程均為英文，時間約5分鐘不等，需先事先熟記工作內容(Job Offer)，以免面試官詢問而答不出，並閱讀工作權利小冊子，熟知內容，面試官大部分都會詢問是否閱讀過工作權利小冊子，切勿答否。

行前預算表

　　準備前往美國打工度假，除了繁瑣的申請步驟外，還有最重要的是究竟該準備多少錢才足夠？以下列出申請各種文件等步驟所需花費的金額，可依個人狀況參考。

項目	明細	費用(新台幣)	我的花費	備註
代辦費	報名費 英文檢測費 SPONSOR執行費 SEVIS	約45,000		
相關證件	護照 青年旅館卡 國際駕照 國際學生證	1,500～3,000		
申請文件	良民證 戶籍謄本 大頭照 護照快遞費	1,500		
簽證	J1簽證 資料處理中心服務費	5,000		
機票	各城市不一，詳見機票篇	3～4萬		
保險	依個人狀況，詳見保險篇	3～5千		
生活費	生活費與押金	3～4萬		
總計		11～13萬		

速食店一份套餐約7元，普通餐廳約15～20元

過來人提醒　準備多少生活費

　　開始工作後，約莫2～4週才會領到第一份薪水，在這之前必須先準備生活費，包含飲食與交通費等花費，若是自行在外租房，還得準備押金，各城市不一。生活花費依各地城市消費水平而定，若是居住城市則消費較鄉村高。

Work
for
Experience

Travel
for
Pleasure

USA
Let's Go!

Work and Travel in USA

行前準備

出發前，要預先做哪些準備？

出發前往美國究竟該準備哪些事情？分不清美國國際機票與國內機票的差別嗎？長達3個月的時間該準備什麼必備品呢？面對接踵而至的難題感到手足無措嗎？只要根據本篇Step by Step，除了教你如何聰明省錢買機票外，保險、住宿、兌換旅支都將輕而易舉！

飛往美國的機票

前往美國的第一步就是購買機票，該選擇直飛還是轉機？美國國內與國際機票又有何不同？購買機票是筆不小的花費，想要省錢買特惠機票務必記住時間與機票限制。

如何購買機票

Work and Travel in USA

■注意時間

購買機票前除了注意票價高低外，首先要注意的是時間，包含起飛、轉機、抵達。

找到所屬班機後前往該登機門登機

■起飛與抵達

搭機需至少提前2個小時至機場報到，如早上7點的班機，應早上5點抵達機場，而抵達美國後若是要搭乘大眾運輸，基於安全及交通上的考量，建議選擇起飛時間爲中午過後，抵達時間爲當地白天的班機爲佳。

■轉機不超過3小時

轉機價格往往比直飛班機便宜，此時應注意轉機時間是否充裕，尤其是在較大的國際機場，應多保留時間，以防時間太少而無法登機；而有些特惠機票轉機時間過長，需在機場停留一夜，若無出境旅遊之打算，轉機需再檢查一次行李，建議轉機時間在3個小時左右爲最佳；登機時選擇直掛行李，就可到美國再提領行李，中間轉機不需領回。

■退票改期

切記「訂票不用錢，開票才付費」，由於前往美國打工屬暑假旺季，購買機票須提早訂位，可向旅行社業務詢問開票期限，拿到簽證後再開票付費，若是尚未拿到簽證千萬別先開票，以免到時候無法退費改期。

旅行 小 祕 方

加價停留暢遊其他國

轉機價格往往比直飛便宜，如果想省錢選擇轉機機票，建議可加價停留在轉機機場旅遊幾天，只要多付少許金額就可以到轉機的國家遊玩，不但省了荷包，還多了回憶呢！

1.轉機時應注意轉機指示，以免走錯／**2.**人山人海的轉機人潮／**3.**在排隊等待轉機的同時，記得準備好登機證，以利海關人員快速查驗

行前準備

■機票不含稅金

機票費用是機票面額、稅金與兵險等，購買機票前需看付費總額是否含稅金，一般稅金約在新台幣5,000～10,000元不等，依照當時匯率而定，千萬別被便宜機票沖昏頭，反而買貴了。

■累積里程享優惠

購買機票前，可以先加入機票所屬聯盟的會員，一來可以累積里程數，以便之後將里程數轉換成免費機票，二來可以享有會員之服務，如達美航空屬天合聯盟，凡是天合聯盟的會員，都可享有會員優先報到不用排隊。

航空公司聯盟看這裡

目前國際航空擁有三個航空聯盟，決定購買哪家航空的機票後，可以先加入航空公司所屬聯盟的會員，除了可以累積里程數兌換免費機票外，還可享有聯盟會員的福利。

星空聯盟Star Alliance
網址：www.staralliance.com

寰宇一家OneWorld
網址：www.oneworld.com

天合聯盟Skyteam
網址：www.skyteam.com

＊以上資料時有異動，以網站最新公告為主。

過來人提醒 | 6/20前的機票較便宜

以往暑假旺季機票大多從6月20日左右開始，建議購買6月20日前的機票較便宜，購買機票時還可向旅行社業務詢問回程機票是否可以改期，以防在美國交了新朋友，想要改期與朋友一起旅遊，又另外花費一筆。

行李限制
Work and Travel in USA

■國際航線

一般往返台灣美國的航空，託運行李可以免費託運2件，每件50磅（23公斤），如果是搭乘達美航空，就只能免費託運1件，每件50磅（23公斤），詳細的行李費用依據各航空官網更新為主，若行李較多需要罰超重費時，建議直接加買一件行李，會比罰超重費便宜。

過來人提醒 | 行李太多可跨國郵寄

若是行李眾多，不想一直帶著行李旅行，可以考慮郵寄包裹回台灣，詳見P.134「跨國郵寄」。

■美國境內航線

若是在美國境內的飛機，也就是國內飛機，大部分託運行李每件都要收費，也就是第一件行李就開始收費，第二件更貴，行李費用加起來往往都比機票還貴，若是行李較多，可以考慮搭乘西南航空（Southwest）免費託運兩件或捷藍航空（Jetblue）第一件託運免費，都是很好的選擇喔！

航空資訊這裡查

西南航空	捷藍航空
網址：www.southwest.com	網址：www.jetblue.com

抵達目的機場，光是排隊出境就要好一段時間

國際、國內機票比一比
Work and Travel in USA

購買國際機票與國內機票有許多小要訣，像是國際機票找旅行社購買比找航空公司便宜，國內機票則是自行上網購買，常可以找到廉價機票；便宜的國際機票要額外加上稅金才是總額，而特惠的國內機票要額外加上行李費用等，以下整理出購買國際機票與國內機票的建議方式。

■ 國際機票如何買

東岸的紐約、西岸的洛杉磯與舊金山是進入美國的主要機場，若是前往的城市不在此範圍內，可向旅行社或航空公司詢問，通常直接找旅行社接洽，買到便宜機票的機率較高，如學生票是無法自行購買的。

■ 不同點進出更便宜

來回機票有分「同點」或「不同點」進出兩種。由於美國東岸與西岸距離甚遠，若是想在兩地旅遊，除了注意時間與機票限制外，還可向業務詢問不同點進出的機票。

例如：工作的城市在西岸的舊金山，工作結束後想去東岸的紐約旅行，此時可向旅行社業務購買「西岸進，東岸出」的機票，也就是從舊金山進入，由紐約飛回，不必在旅行後回舊金山飛台灣，如此一來便省了一段國內機票錢或車資。

■ 國際機票便宜買

購買國際機票是筆不小的金額，費用往往動輒3、4萬台幣，若是想要節省機票的花費，可洽詢有專門代買機票的旅行社，以及辦理國際學生證（詳見P.31），才可購買學生機票，若是沒有限定直飛及轉機國家的話，中國航空的機票常有特惠，台灣飛往美國的機票，約2萬就買得到！詳細價格可上網查詢新銳旅行社：www.sentravel.com.tw

搭乘國際航空均會提供毛毯(Blanket)和枕頭(Pillow)，若座位沒有，記得和空姐索取

機票	購買方式	付費時間	附加費用	備註
國際機票	旅行社接洽	先訂位再開票	注意稅金部分	可購買「不同點進出」
國內機票	上網購買	訂位即開票	注意行李費用	西北航空，2件行李免運費

過來人提醒｜加買國際機票行李免運費

若旅遊時間確定，可直接向業務加買舊金山往紐約的內陸機票，因與國際機票一同購買，所以這段內陸機票比照國際機票規定辦理，行李就不用另外付費了，記得到櫃檯報告時，主動向櫃檯人員提出，以免喪失自己的權利。

過來人提醒｜在台灣買美國國內機票行李免運費

美國國內機票通常不含行李託運，報到時才另外索取託運行李費用，往往要30～40美元，若在台灣已購買美國國內機票，則機票規格比照國際機票處理，在Check In的時候要提醒航空人員，你的行李是不需要收費的，他才會幫你查詢，千萬別多付了冤枉錢。

■國內機票如何買

購買美國國內機票是門學問,除了注意時間與機票限制外,和國際機票不同的是不用找旅行社,可以自行上網購買,訂位後必須立刻線上刷卡付費,若為特惠機票通常不可以退票與改期,所以購買前務必再三確認時間,結帳前需細讀行李規定,將票價總額加上行李費用才是最終的價格。往往特惠機票的行李、退票與改期的手續費都高於原先的票價,若是行程與日期尚未確定,千萬別貪一時便宜!

■國內機票便宜買

國內機票每日票價都不同,應時常注意票價波動,若是日期彈性,查詢機票時可以點選無特定日期與特定機場,就可以查詢出發日期前後與鄰近機場的票價,有時可以省下一筆費用。

1.國際機票餐點較為豐盛/2.長途班機多半會發放至少兩次餐點/3.國內機票大多不含餐點,偶有茶水/4.國內線託運行李要付費/5,6.美國行李推車均要付費

比價網站看這裡

建議可下載搜尋機票的APP,平時只需點選時間日期後,便可隨時掌握票價最新資訊,購買國內機票網站種類繁多,以下列出作者大力推薦的網站供參考。

Skyscanner
作者強力推薦,尤其APP中文搜尋介面容易,還會顯示出附近日期的最低票價。
網址:www.skyscanner.com.tw

bookingbuddy
有多個知名比價網站,其中的AirTkt常有便宜機票,Priceline則使用標價方式。
網址:www.bookingbuddy.com

KAYAK
點選機場與日期後,網頁右邊會顯示1個月內的最低票價可供參考。
網址:www.ka yak.com

TravelSearch
善用Hipmunk裡的Parice搜尋,有機票與國鐵票價資訊。
網址:www.shermanstravel.com/travel_search

SouthWest
提供兩件行李免運費,行李較多的優先推薦。
網址:www.southwest.com

OneTravel
網址:www.onetravel.com

fly
網址:www.fly.com

Expedia
網址:www.expedia.com

TripAdvisor
網址:www.tripadvisor.com

StudentUniverse
網址:www.studentuniverse.com/flights

Lowest
網址:www.lowestairfares.com

Fly4less
網址:www.fly4less.com

＊以上資料時有異動,以最新公告為主。

圖片提供/許志忠

行李費用

可使用信用卡付費

搞定保險一把罩

在美國看醫生價格昂貴，掛號費動輒美金100元，問診費和藥費另外計算，加總下來半個月的薪水直接付諸流水。所以出發前往美國打工度假，除了準備一些常備藥與感冒藥之外，建議另外加保適當的保險，尤其是「海外急難救助險」。

保險常見迷思
Work and Travel in USA

前往美國打工度假時常聽到的不外乎是旅遊平安險(旅平險)、旅遊不便險。旅平險顧名思義是旅遊時的平安，所以若是行李延誤或遺失、班機延誤等會造成旅遊不便，是屬於旅遊不便險。

而目前台灣的產險公司，針對國外打工度假的保險，沒有實質明確的保單，而旅平險在條款裡有明定「旅遊期間」，因此即使是打工結束後，在美國境內旅遊而生病，理賠也是有爭議的，不要被業務給誤導了。

桃園機場大廳設有多家保險公司服務櫃檯
(圖片提供／許志恩)

旅行 小 祕方

信用卡付費幫你保險

購買機票時可以考慮以信用卡支付費用，就可享有信用卡裡頭所附贈的保險，多半有旅遊保險，所以在搭飛機的過程中，不論是人身安全還是行李也都有保障！若無信用卡，也可以刷台灣銀行國際學生證VISA金融卡(詳見P.51「信用卡」)支付機票費用，一樣有附旅遊平安險和不便險。

信用卡有無保險這裡查

想要查詢自己的信用卡有沒有旅遊保險，可至卡優新聞網站，點選「卡比較」搜尋。
網址：www.cardu.com.tw/index.php

必備保險組合
Work and Travel in USA

前往美國工作，各代辦公司一定都會替同學在工作期間保醫療險，也就是說在工作期間就醫時，都應將收據證明妥善保存，等回台灣再辦理理賠。而在美國旅遊期間是沒有保險的，為了方便起見，可向代辦公司加保旅遊期間保險即可，但收費不便宜，各代辦公司加保金額也不同。

部分同學的父母有保險，如意外險等，給付內容與款項應向業務員詢問清楚，若是有不足的再加保即可。而台灣健保也有給付國外醫療，學生在學校也都有學生平安保險，應屆畢業生除外，所以在美國生病不論是工作或旅遊期間，都要記得保留收據證明，回台灣再向健保局申請。

所以只要善用信用卡支付機票，再額外加保「海外急難救助」，若想要更多保障，可以再申請意外險讓自己的保障更健全。

■保險三步驟

☑ **確認保單保障**：確認已保保單範圍，是否包含意外事故與一般疾病醫療(生病)的門診與住院

☑ **理賠相關資訊**：理賠範圍(意外事故、醫療)、理賠程度(按日計算、金額上限)

☑ **加保不足部分**：針對不足部分加保即可，務必確認是否含「海外急難救助」

可下載外交部製作的「旅外救助指南」APP

在美國打工住哪裡？

在美國打工期間的住宿多半由雇主提供，台灣的代辦公司會提供工作的相關資訊，包含雇主有無提供宿舍、租金等。而一般如麥當勞、SUBWAY等速食店的雇主沒有提供住宿，此時在台灣的代辦公司及美國的AAG會協助你找到有口碑及較安全的住所，所以找到在打工期間的住宿一點都不難！

雇主提供VS自己租房
Work and Travel in USA

不論是雇主提供，或是自己租房都各有優缺點，若是對衛生習慣較為注重者，想要獨立衛浴，建議選擇自己租房，一般雇主所提供的住宿，多半是多人房間，無客廳、獨立衛浴等設施；若是選擇雇主所提供的住宿，雖然較無隱私，但室友都是同事，可以多認識一些人，由於房東就是雇主，當房間家具損壞需要修理時，較有保障不怕遇到惡房東，或有不知所措的情形發生。

自行出租可選擇室友，也可多認識其他國家的朋友

	雇主提供	自己租房
優點	較有保障，距工作場所近	私人房間與衛浴、租金可議
缺點	與他人共用衛浴、較無隱私	距工作場所遠，較無保障

公寓短租
Work and Travel in USA

若是代辦和AAG沒有提供推薦的住宿，或宿舍不符合你的需求，除了去Motel6或Super8等汽車旅館包月外，還可以選擇短期公寓出租，此類的公寓多半在交通便利的地方，並附有微波爐、洗衣機、電視等大型家具，租約可選擇幾天或幾個月不等，若是一群同學一起來美國打工，選擇公寓出租，營造「家」的感覺是最幸福的事情了！

■ Craigslist

Craigslis是著名的廣告集散地，遍及美國各州各城市，不論是交通便利的大都會，或是安靜僻壤的鄉下，都可以選擇公寓租賃或是與人分租房間等多種方式，並附有照片，及詳細記載有哪些設施，如車庫、廚房、客廳等，或電視、冰箱等大型家具，價錢從每週至每月都有，選擇多元。
網址：www.craigslist.org/about/sites。

■ Sublet

由於前往美國打工的時間為暑假，此時有許多留學生會將自己空出來的房間便宜出租，可上網尋找適合的房間，運氣好的話，不但多認識一個新朋友，還可得知許多當地人才知道的情報喔！
網址：www.sublet.com。

住宿這裡找

若是Craigslis和Sublet都沒找到合適的住宿，可至以下網站搜尋看看。

Airbnb
網址：www.airbnb.com.tw

ApartmentHunterz
網址：www.apartmenthunterz.com

CHBO
網址：www.corporatehousingbyowner.com

Corporatehousing
網址：www.corporatehousing.com

Oakwood
網址：www.oakwood.com

打包行李準備出發

前往美國打工度假，開始為了哪些是必備物品，哪些東西可至當地購買而傷透腦筋；整理行李時，又有哪些物品不能放在行李箱託運？哪些東西是無法通過海關呢？只要熟讀海關規定，並依照行李準備表步驟整理，將已經準備的物品打勾，這樣就萬無一失囉！

必備物品
Work and Travel in USA

■隨身包包與手提行李

一般出入海關可隨身攜帶一個包包與手提一件行李，建議可以手提筆電包，並揹一個隨身包包放置貴重物品與文件，可考慮斜背式或後背式。

隨身行李檢查表

檢查	物品	說明	備註
		皮包	
	護照	影印與電子信箱均備份，與正本分開存放	
	機票	影印與電子信箱均備份，與正本分開存放	
	簽證	DS-2019正本、J1簽證	
	駕照	台灣駕照與國際駕照	
	美金	大額鈔票可放置貼身腰包	
	旅行支票	寫下支票號碼(詳見P.50)	
	信用卡	若為金融卡須先向銀行開通(詳見P.51)	
	其他證件	國際學生證、青年旅館卡(詳見P.31)	
	雇主資訊	電話、地址、Email，出入海關會需要的資訊	
	役男申請單	男生記得攜帶役男申請單	
		重要文件夾(影印兩份放在家中與行李箱)	
	大頭照	2〜4張，檔案可在電子信箱備份，補辦證件用得到	
	文件影本	護照、機票、DS-2019、J1簽證、役男申請單	
	筆記本、筆	可隨手記錄或記帳，奇異筆很好用，可寫在包裝袋上	
	緊急連絡	緊急聯絡資訊，務必給家人一份	
	雇主資訊	電話、地址、Email、抵達交通方式、Job Offer工作檔案	
	保險資料	依各代辦公司資訊為主	
	旅支合約書	確定寫下支票號碼	
	其他	代辦公司所提供的重要資料	
		電子產品	
	筆電	可單獨拿筆電包，過安檢X光機需取出放置塑膠籃檢查	
	手機	國際漫遊費率昂貴，可多使用免費通話App(詳見P.59)	
	相機	記得帶電池，電池絕對不能放在行李箱	
	耳機	搭乘飛機時可用，許多飛機不附耳機，要另外購買	

行前準備

■行李箱

有軟殼、硬殼之分。軟殼較硬殼行李箱輕，但硬殼行李箱防雨，各有利弊；由於託運行李有限重，美國海關又都用丟的，不宜攜帶漂亮又昂貴的行李箱，除了避免損壞外，也降低被偷竊的機率。

託運行李檢查表

檢查	物品	說明	備註
		衣物類	
	外套	薄與厚外套至少各一，依各城市氣候增減(詳見P.17)	
	內衣褲	至少3套可供換洗	
	衣服	長袖2件、短袖3件	
	褲子	長褲、短褲、牛仔褲，若為房務員或餐飲業可帶黑長褲	
	襪子	整理行李時可包易碎物品	
	鞋子	耐走鞋子兩雙，一雙穿在身上	
	拖鞋	美國住宿均無提供拖鞋	
		常用藥品與處方箋	
	感冒藥	鼻塞、流鼻水，建議去家醫科請醫生配藥，須附處方箋	
	止痛藥	普拿疼，需有包裝盒與說明書	
	個人藥品	依個人需求	
	退燒藥品	退熱貼、退燒藥	
	常備藥品	OK繃、白花油小護士，美國紫草膏很便宜	
		盥洗用品	
	牙刷	美國飯店、旅館均無提供，要自備	
	牙膏	可帶小條，用完可至Dollar Tree購買1元1條	
	毛巾	建議攜帶兩條，可供替換，舊了可當抹布	
	旅行組	用完到美國買整罐，有不到1元的洗髮精、沐浴乳	
	保養用品	美國天氣乾燥，乳液、護唇膏必帶	
		其他	
	維力炸醬	推薦必帶！可直接與麵條攪拌即可食用(詳見P.123)	
	食鹽水	美國食鹽水超貴，可清洗傷口，隱形眼鏡族必備	
	充電器、傳輸線	筆電、手機、相機的充電器，要記得帶傳輸線備份照片，如果有隨身硬碟，建議多帶可以備份	

■參考物品

其他物品檢查表

衣服用捲的比較節省空間　　　　襪子、室內拖鞋等較軟材質可拿來包易碎物品

檢查	物品	說明	備註
		生活用品	
	肥皂、洗衣粉	可用夾鍊袋裝洗衣粉，到當地再和朋友合購	
	刮鬍刀	可帶拋棄式，在美國亞馬遜網拍買比較便宜	
	購物袋	美國塑膠袋超容易破，可自備購物袋或至當地購買	
	塑膠袋	可裝穿過的衣物或乳液等容易流出的液體	
	餐具	除非是華人超市，否則在美國較難買到	
	衣夾、繩子	可帶繩子、衣夾方便曬衣服，衣架可至當地買很便宜	
		食品	
	泡麵	有寫到「牛」、「豬」、「肉」的均不可攜帶，海關看得懂這幾個字，泡麵可考慮辛拉麵、維力炸醬麵	
	餅乾		
	沙茶、雞湯塊	炒飯炒菜超好用，醬油和鹽可在當地買，相當便宜。在當地舉行Party可代表台灣味的食材之一	
	紫菜湯包		
	鳳梨酥	代表台灣的甜點，連外國人都愛吃	
		愛美必備	
	化妝包	除了雙眼皮貼要多帶，及個人慣用品牌外，其餘可至當地購買，美國藥妝品有些比台灣便宜(詳見P.132)	
	卸妝用品	有帶化妝品，就要記得帶卸妝用品、化妝棉之類	
	隱形眼鏡、藥水	有戴隱形眼鏡習慣的要多帶一些備用，在美國買隱形眼鏡需有醫生處方箋才行	
	衛生棉	美國是棉條天堂，雖然也有販售衛生棉但不太好用	
	防曬乳	美國防曬乳都是防曬傷，會曬黑！是愛美怕曬黑的必備品	
		其他物品	
	配件	圍巾、手套、帽子、皮帶、太陽眼鏡(美國太陽超大)	
	小禮物	明信片、春聯、代表台灣的鑰匙圈、有字的紅包	
	髮夾、髮圈	鯊魚夾、髮圈、小黑夾、髮箍	
	口罩、眼罩	搭長途飛機、住青年旅館都相當實用	
	拍立得、底片	可隨手拍，可在照片寫上日期與簽名當小禮物	
	泳衣、泳帽	美國泳衣普遍尺寸都很大，建議自己帶一套	
	充氣式飛機枕	長途飛機相當勞累，飛機枕相當實用	

海關規定
Work and Travel in USA

託運行李不要加鎖，如果想上鎖，只能使用美國海關鎖，而剪刀、指甲剪、打火機、液態物品都必須放在行李箱內不可放置隨身行李，若是攜帶髮膠、香水、含酒精藥品等，每件不能超過0.5公斤，總重量不能超過2公斤，香菸則不能超過200支，託運行李規格原則上重量不超過50磅（23公斤），長、寬、高的總和不超過62英寸（157公分），件數依照各航空公司規定。

入境時都必須填寫兩份表格，一份是I-94表格（I-94 Form），一份是美國海關申報表（Custom Declaration），若是空姐忘記給你，請記得向空姐索取中文版本，除了肉類物品、水果等食物不得攜帶之外，入出美國身上不得攜帶超過美金10,000元的現金或旅行支票，若超過須另外申報，未申報遭查獲時將沒收或罰款。

過來人提醒　務必妥善保存I-94表格

填寫海關申請表務必據實以答，若被海關查獲不實，除了沒收之外，還會留下不良紀錄。而I-94表格相當重要，若是不見要向美國移民局申請補發，手續費高達美金300元以上，所以入境美國後，記得立刻影印I-94表格一份，然後和其它重要證件一起妥善保存，但是正本還是不能遺失喔！

海關網站看這裡

台灣財政部關務署
網址：web.customs.gov.tw/ct.asp?xItem=12072&CtNode=13127

美國運輸安全管理局(TSA)
網址：www.tsa.gov/traveler-information

美國國土安全部(DHS)
網址：www.dhs.gov

行李遺失與損壞
Work and Travel in USA

■行李遺失怎麼辦

若在行李運轉盤上找不到自己的行李，先去看板查詢是否走錯區，若還是找不到，可至失物招領處（Lost & Found）詢問，可能是運送過程中行李受損，被放置在失物招領處，若是真的遺失，可向服務人員申請，填寫飛行路線、行李件數等資訊，若超過3個禮拜未找回，則由航空公司負責理賠，賠償金額由航空公司賠償限額而定。

可在行李箱外貼標籤做記號，掛上有英文連絡電話與地址的名牌，萬一行李箱遺失，方便航空公司找尋

旅行小祕方

刷卡買機票有行李遺失險

若是刷卡購買機票，部分信用卡公司有含行李遺失損壞險等，詳細內容可至信用卡公司網站查詢。

■行李損壞怎麼辦

建議拿到行李的當下就須立刻檢查是否有損壞，並向工作人員立即反應，部分航空公司會送修行李，或是填寫行李損壞表格，請旅客自行處理，並在限期內將收據寄回航空公司，就會收到航空公司的支票，直接去銀行兌換或至ATM存入支票即可。

若是行李損壞情況嚴重無法修繕，可購買新的行李箱，只要附上收據與證明，並連同行李損壞表格寄回航空公司，航空公司會依損壞行李的新舊程度斟酌賠償。

行李損壞表格

前進美國打工要帶多少錢？

美國的薪資大多2～4週發放一次，所以在出發前建議帶約1,000美元的錢在身上，由於在美國使用塑膠貨幣相當頻繁，現金又有失竊的風險，建議兌換小額現金，大額旅支。

現金
Work and Travel in USA

由於美金100元在美國屬於面額較大的鈔票，有許多店家都是無法找開，甚至拒收，50、100元的現鈔要到大賣場或暢貨中心（OUTLET）比較能找得開。行前兌換美金時，盡量換小額鈔票，面額最大不宜超過美金20元，也要記得多準備1元鈔票方便付小費。

圖片提供／許志忠

旅行支票
Work and Travel in USA

旅行支票在美國視同於現金，有許多旅館、餐廳、賣場均可以使用，相當普遍。由於現金會有失竊的風險，使用信用卡除了手續費外，還有匯率的風險在，所以兌換旅支是個不錯的選擇。

只要帶著身分證與護照，到販售旅行支票的銀行辦理即可，拿到旅支時記得記下每一張旅支的支票號碼，將旅支與申請書分開存放，若是不幸遺失旅支，只要寫下支票號碼與申請書一同申請掛失，再補發即可。

由於旅支的售價會隨匯率波動，可以在匯率較佳的時候兌換，雖然兌換旅支需要酌收手續費，各家銀行規定不一，不過旅支匯率可是比換現金還划算呢！

查詢匯率看這裡

進入網頁後點選美金匯率，台幣兌換美金請看「現金賣出」，台幣購買旅支請看「即期賣出」。
網址：www.taiwanrate.org

旅行小祕方

如何使用旅行支票

拿到旅支時應在上方簽名，使用旅支時，只要在下方再簽一次相同的簽名即可，記得攜帶護照以便檢查。

1.旅行支票面額／2.上方簽名欄（購買後先簽名）／3.下方簽名欄（兌換時再簽名）／4.兌換日期／5.旅行支票號碼

旅行支票還可以利用美國ATM存入美國的銀行帳戶，相當方便

信用卡
Work and Travel in USA

　　在美國使用塑膠貨幣相當普遍，結帳時店員會向你詢問「Credit or Debit？」，若是使用台灣帶去的信用卡，即是「Credit」，使用在美國辦的提款卡，則是「Debit」，刷卡金額較大時，店員會要求看ID，務必記得攜帶護照。

跨國提款
Work and Travel in USA

　　確認金融卡上面有Cirrus或Plus的符號後，須先向銀行申請啟用跨國提款的功能，才可以在美國領錢，抵達美國時，只要在ATM上面看到Cirrus或Plus的符號就可以提款，密碼為當初設定的「磁條密碼」，和台灣提款時所使用的「晶片密碼」不同。

旅行小祕方

出國刷卡有優惠

　　若是攜帶VISA金融卡務必確認是否開通海外刷卡與提款功能，除了注意跨國手續費外，可善用信用卡優惠，如機場貴賓室、機場接受等，詳細內容可先至卡優網比較：www.cardu.com.tw。

有多少刷多少的Debit Card　　**可提領外幣的金融卡**

可預付現金的信用卡

提款機使用解析

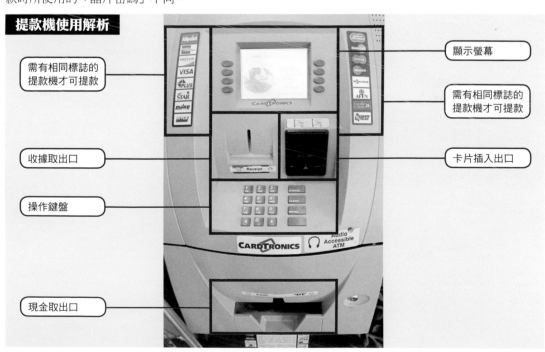

需有相同標誌的提款機才可提款

收據取出口

操作鍵盤

現金取出口

顯示螢幕

需有相同標誌的提款機才可提款

卡片插入出口

Work
for
Experience

Travel
for
Pleasure

USA
Let's Go!

Work and Travel in *USA*

抵達美國

有哪些必辦文件與須知？

抵達美國開始工作時，有許多重要事項需一一辦理，包含最迫切的住宿與交通問題，以及辦理重要的證件，如社會安全卡、到銀行開戶等，本篇將一一為您解答。

申辦在地證件

　　抵達美國的第一件事情就是登入SEVIS網站Check in，表示已經平安抵達美國，登入完成後約7～10天就可以開始辦理社會安全卡，有些雇主會統一協助辦理，有些則需要同學自行辦理，所以出發辦理前，可向雇主詢問是否會協助申請，免得自己多跑一趟！

社會安全卡
Work and Travel in USA

　　社會安全卡除了是在美國打工的合法證明外，也是辦理開戶及退稅時，需要的證件之一，換句話說若是沒有辦理社會安全卡，雇主是可以不支付薪水，銀行也可以不幫你辦理開戶；拿到社會安全卡後會有一組社會安全碼，應先將卡片拍照備份在電子信箱，並熟記號碼，社會安全碼如同台灣的身分證號碼一樣重要，切勿外露以免被有心人士竊取詐騙。

■要準備哪些資料
- ☑ I-94表格
- ☑ J1簽證
- ☑ AAG贊助信
- ☑ DS-2019
- ☑ 護照與工作資訊（如：Job Offer或工作卡）
- ☑ 社會安全卡申請書

　　其中需填寫姓名等個人資訊外，還要填寫父母親的英文姓名與工作地址，若是父母親無護照等，可上網查詢羅馬拼音。

社會安全卡這裡辦
社會安全局
網址：www.ssa.gov／免付費電話：1-800-772-1213

到美國打工度假，社會安全卡是必要的證件之一

■申辦方式

　　申請社會安全卡不須任何費用，可以選擇線上申請或親自到安全局辦理，由於準備資料均須正本，建議親自到安全局辦理較為保險，以免郵寄時文件遺失，還得另外辦理證件遺失、文件補發。

親自辦理

　　選擇親自辦理，可先至網站輸入區碼（ZipCode）搜尋離你最近的地點，或撥打免付費電話查詢，備妥資料後，到現場抽取號碼牌，並填寫表格，當天會拿到收據，社會安全卡收據（通知單）要妥善保存，不可遺失。而卡片會在7～14天內以郵寄方式寄出，若是2週後尚未收到，可利用申辦後的收據打電話詢問。收到社會安全卡後，要熟記安全碼，不可讓他人知道號碼。

社會安全卡收據

抵達美國

線上申請

選擇線上申請須至網站下載社會安全卡申請書，填寫完成後連同準備資料所需要的文件以掛號方式寄出，社會安全局收到資料後，約2週會將社會安全卡寄出，若是尚未拿到，建議撥打免付費電話查詢。以下為下載申請書步驟：

先至社會安全局網站，點選其他語言(Other Language)

選擇中文(Chinese)

1. 選「社會安全號碼」
2. 點選「申請社會安全卡」下載「申請書」

辦理銀行開戶

Work and Travel in USA

許多雇主會以支票或匯款方式給予薪資，以匯款方式的雇主多半會協助辦理銀行開戶，若你的雇主以支票方式給予薪資，通常將支票兌現時，每張支票皆要酌收手續費，而至銀行辦理開戶，可將支票存入不須任何費用。此外也可將身上的大額現金、旅支等存入帳戶，留些許零用金在身上即可，在美國消費大部分店家均可使用Debit Card直接從帳戶扣款，相當方便。

旅行小祕方

銀行得來速

美國銀行多半都有「Drive up」，類似速食店的得來速，車道上有窗口不必下車，可詢問相關業務，也可使用ATM直接領錢與存取支票，相當方便。

■要準備哪些資料

☑ 護照
☑ 居住地址
☑ 社會安全碼
☑ 重要文件(詳見P.46)

■如何選擇銀行

在美國分行眾多，遍布全美的銀行為Bank of America(BOA)，而東岸常見的則是Chase Manhattan，西岸則是Wells Fargo，建議辦理銀行開戶前，可參考工作地點選擇適當的銀行。

■開戶種類與規定

開戶時行員會問你要選擇辦理支票帳戶(Checking Account)還是儲蓄帳戶(Saving Account)，選擇帳戶前應先確認是否需要保管費用，各家銀行規定不一，建議兩個帳戶同時辦理，並開啓網路銀行，卡片選擇有多少刷多少的Debit Card即可。

■辦理關閉帳戶

在美國開戶期間，只要在儲蓄帳戶中保留100美元，關閉帳戶前領出，如此一來就不會被銀行收取保管費；離開美國前則須帶護照、Debit Card親洽所屬銀行辦理關戶，不限分行也不須任何費用，若是未關閉帳戶，有部分銀行會收取保管費用，換句話說，若沒關戶銀行就會一直跟你收取保管費。

帳戶知識通

- **支票帳戶(Checking Account)**：如同台灣活存可以提領與存放現金。
- **儲蓄帳戶(Saving Account)**：如同台灣定存，利息較高但只能儲蓄。
- **Debit Card**：如同台灣金融VISA卡，可提款也可刷卡消費，帳戶有多少金額即可刷多少，無法像信用卡可以預支。

美國萬萬稅

Work and Travel in USA

在美國購物時須繳交消費稅，工作要扣所得稅與州稅，醫療會有醫療稅等，繳稅是件習以爲常的事情，雖然各州規定稅率不一，不過只要是在美國生活，果眞是「萬萬稅」。

■消費稅

像是平時去了「一元商店」(Dollar Tree)購買東西，標價寫1美元，結帳卻爲1.03美元，多出來的0.03美元就是消費稅。即使同間商店，也會因爲州稅不同，價錢也會不同。

■所得稅

收到薪資明細時，會被扣取聯邦所得稅(Federal Income Tax)與州稅(State Tax)，給聯邦政府與州政府。若是發現雇主額外扣取社會安全稅(So-

```
                Store 11005
            Park City Outlet, UT-ANF
           6699 North Landmark Drive
                  Space L120
             Park City UT 84098
                435-649-7063

Reg    Trans    Date/Time            Cashier
004    6730     2012-09-26 18:53     01585869
----------------------------------------------
605414311  OUTERWEAR  $59.92         $59.92

       Subtotal                      $59.92
       Tax 6.35%                      $3.80
       Total                         $63.72

       DEBIT CARD                    $63.72
       ************2036 S

       Change Due                     $0.00
```

標籤價加稅，才是總額

Gross to Net Pay	This Check	YTD Amount
Total Earnings	696.00	696.00
Federal Income Tax	-53.34	-53.34
Utah State Tax	-23.42	-23.42
Housing Fee	-62.50	-62.50
Net Pay	556.74	556.74

Net Pay Distribution	Amount
Checking: ******5038	556.74

Tax Auth. Information	Filing Status	Allow.
Federal Government	SINGLE	1
UT State Government	SINGLE	1

Federal Income Tax：聯邦所得稅
State Tax：州稅
Federal Goverment：聯邦政府
UT State Goverment：州政府

cial SecurityTax)、醫療稅(Medicare Tax)等，請帶著薪資明細請雇主更正，並於下次發薪時退還。所被扣取的稅可在回台灣後，收到雇主的扣繳憑單(W-2)時辦理退稅。

申報退稅

Work and Travel in USA

只要在美國打工度假，雇主會扣聯邦所得稅與州所得稅，部分州是屬免州所得稅，如黃石公園等。聯邦所得稅是在工作所獲得的薪資，必須依法申報繳交稅金，由於每年免稅額不同，詳細內容請參閱美國國稅局（www.irs.gov/form1040nrez）；州稅則由各州政府規定不一，請上各州政府網站上查詢。

約每年1～2月會收到雇主從美國寄來的W-2表格，有點類似台灣的扣繳憑單，此表是申請報稅與退稅時要用的，以2012年為例，聯邦所得稅之免稅額為3,800元，在雇主所扣的聯邦所得稅中多繳的部分，我們可向國稅局申請退稅。

■申報時間

申報時間約在工作結束後，隔年4月中之前申報完畢，例如：2013年參加美國打工度假，約在2014年1～2月會收到W-2表格，請於2014年4月15日前將申報表格寄回美國，若來不及完成，也必須在3年內完成申報，逾期則無法退稅。

■需要資料

☑扣繳憑單（W-2）

☑社會安全卡的卡號

☑申報退稅表格（1040NR-EZ），請至網站下載表格及說明書

表格：www.irs.gov/pub/irs-pdf/f1040nre.pdf
表格說明書：www.irs.gov/pub/irs-pdf/i1040nre.pdf

過來人提醒｜扣繳憑單

若是在2月底尚未收到雇主寄來的扣繳憑單（W-2），務必主動向雇主連絡，以免喪失退稅的權利。

■寄件地址

請以航空掛號寄至以下地址，如圖所示。

☑寄件人姓名地址，也是退信地址，國名務必用英文書寫

☑收信人姓名地址，請參照圖所示謄寫

☑請以航空掛號寄出

航空信件信封寫法

航空信件標示

From：Chang Tai Ya
2F, No.13, Jiantan Road
Taipei City 11167
TAIWAN

Air Mail　貼郵票

收件人地址

寄件人地址

TO：**Department of Treasury**
Internal Revenue Service Center,
Austin, TX 73301-0215
United States

退稅步驟教學檔

部分代辦會提供教學檔，或可上網輸入關鍵字「美國打工退稅」，就會有許多退稅教學檔，如批踢踢(PTT)的打工旅遊版(Work and Travel)上搜尋作者(Evan47)即有聯邦所得稅的退稅說明，或是可選擇專業退稅公司(RTTAX、TAXBACK)，手續費約數十美元或10%退稅金額不等。

退稅公司看這裡

RTTAX
網址：www.rttax.com

TAXBACK
網址：www.taxback.com

過來人提醒｜退稅前先比較查詢

州稅教學檔較少，退款也較為繁複，加上可退稅金額不多，許多人會放棄申請，建議可先上退稅計算器計算可退的總金額，並衡量自行操作或交給退稅公司，若是交給退稅公司所退的金額，扣除手續費後比自己操作只退聯邦所得稅高出許多，即可考慮退稅公司。

網址：www.rttax.com/EN/tax-refund-calculator-en

退稅表格教學參考請至：evan47@ptt.cc

申報退稅表格 P1

Form 1040NR-EZ

U.S. Income Tax Return for Certain
Nonresident Aliens With No Dependents

OMB No. 1545-0074

2012

Department of the Treasury
Internal Revenue Service ▶ Information about Form 1040NR-EZ and its instructions is at www.irs.gov/form1040nrez.

Identifying number (see instructions)

Please print or type. See separate instructions.

Your first name and initial: **Tai Ya** Last name: **Chang**

Present home address (number, street, and apt. no., or rural route). If you have a P.O. box, see instructions.
2F, No.13, Jiantan Rd., Shling Dist.

City, town or post office, state, and ZIP code. If you have a foreign address, also complete spaces below (see instructions).
Taipei City 11167

Foreign country name **Taiwan**   Foreign province/state/county **Taiwan**   Foreign postal code **11167**

Filing Status Check only one box

1 ☐ Single nonresident alien   2 ☐ Married nonresident alien

Attach Form(s) W-2 or 1042-S here. Also attach Form(s) 1099-R if tax was withheld.

3	Wages, salaries, tips, etc. Attach Form(s) W-2		3
4	Taxable refunds, credits, or offsets of state and local income taxes		4
5	Scholarship and fellowship grants. Attach Form(s) 1042-S or required statement.		5
6	Total income exempt by a treaty from page 2, Item J(1)(e)	6	
7	Add lines 3, 4, and 5		7
8	Scholarship and fellowship grants excluded	8	
9	Student loan interest deduction	9	
10	Subtract the sum of line 8 and line 9 from line 7. This is your **adjusted gross income**		10
11	**Itemized deductions**		11
12	Subtract line 11 from line 10		12
13	Exemption		13
14	**Taxable income.** Subtract line 13 from line 12. If line 13 is more than line 12, enter -0-		14
15	**Tax.** Find your tax in the tax table in the instructions		15
16	Unreported social security and Medicare tax from Form: a ☐ 4137 b ☐ 8919		16
17	Add lines 15 and 16. This is your **total tax** ▶		17

Enclose, but do not attach, any payment.

18a	Federal income tax withheld from Form(s) W-2 and 1099-R	18a	
b	Federal income tax withheld from Form(s) 1042-S	18b	
19	2012 estimated tax payments and amount applied from 2011 return	19	
20	Credit for amount paid with Form 1040-C	20	
21	Add lines 18a through 20. These are your **total payments** ▶		21

Refund

22	If line 21 is more than line 17, subtract line 17 from line 21. This is the amount you **overpaid**		22
23a	Amount of line 22 you want **refunded to you.** If Form 8888 is attached, check here ▶ ☐		23a
b	Routing number c Type: ☐ Checking ☐ Savings		
d	Account number		
e	If you want your refund check mailed to an address outside the United States not shown above, enter that address here:		

Direct deposit? See instructions.

24	Amount of line 22 you want applied to your 2013 estimated tax ▶	24	

Amount You Owe

25	**Amount you owe.** Subtract line 21 from line 17. For details on how to pay, see instructions ▶		25
26	Estimated tax penalty (see instructions)	26	

Third Party Designee
Do you want to allow another person to discuss this return with the IRS (see instructions)? ☐ Yes. Complete the following. ☐ No

Designee's name ▶   Phone no. ▶   Personal identification number (PIN) ▶

Sign Here
Under penalties of perjury, I declare that I have examined this return and accompanying schedules and statements, and to the best of my knowledge and belief, they are true, correct, and accurately list all amounts and sources of U.S. source income I received during the tax year. Declaration of preparer (other than taxpayer) is based on all information of which preparer has any knowledge.

藍色部分均免填

Keep a copy of this return for your records.
Your signature   Your occupation in the United States

Paid Preparer Use Only
Print/Type preparer's name   Preparer's signature   Date   Check ☐ if self-employed   PTIN
Firm's name ▶   Firm's EIN ▶
Firm's address ▶   Phone no.

For Disclosure, Privacy Act, and Paperwork Reduction Act Notice, see instructions.   Cat. No. 21534N   Form **1040NR-EZ** (2012)

申報退稅表格 P2

A ... Taiwan
B ... Taiwan

退稅表格第二頁

A 工作的那年是哪個國家的公民

B 工作的那年有哪個國家的居住資格

C 是否曾經申請過美國綠卡

D1 是否為美國公民

D2 是否持有美國綠卡

E 工作當年的最後一天還持有何種簽證？（已經離開美國請照以下填寫）

F 有無變更過簽證類別

G 填寫入境與出境美國的日期(mm/dd/yy)

H 填寫各年度在美國境內的天數

I 是否曾經申報美國所得稅(若有,需填最近年分與表格號碼)

J 此項填寫N/A即可

退稅表格第一頁

1 報稅表格編號
2 報稅年分(打工的那一年，而非報稅當下年分)
3 社會安全碼

1 未婚
2 已婚
3 薪資
4 地方所得稅退稅額或州稅抵扣額等
5 獎助學金
6 租稅協定之所得免稅總和
7 3 4 5 加總
8 不需課稅的獎助學金

9 學生貸款利息抵扣額
10 7 -(8 + 9)
11 填寫以從薪資扣除的州稅與地方所得稅總和
12 10 - 11
13 免稅額(所得稅申報免稅額，各年不一)
14 12 - 13 (若為負數，則填0)
15 稅額
16 社會安全與醫療稅
17 15 + 16
18a 填寫Form W-2上已經扣繳的聯邦所得稅即可 (沒有Form 1099-R所以不用填)

18b 填寫Form 1042-S上已經扣繳的聯邦所得稅(沒有，所以不用填)
19 預計繳稅額或申報金額
20
21 18 + 19 + 20
22 若 21 > 17 =多繳的稅額
23a 退稅金額(填入和 22 一樣)
23b 若將退稅金額匯入美國銀行帳戶，請將帳戶資訊填入 23b 23c 23d
23e 收到退稅支票的地址
24 23 想用在隔年預估稅金
25 未繳積欠的稅額
26 積欠稅務的罰金

電話與網路

本篇有詳細解說告訴你如何在美國打電話、上網，善用手機APP，美國通訊好easy！

網路

■免費網路

在美國尋找免費網路相當容易，像是不少飯店大廳都設有免費網路，學校裡面的圖書館與附近的咖啡廳，以及幾乎每個城市都會有的麥當勞（McDonald's）與星巴克（Starbucks），都是免費上網的好去處。

只要帶著電腦與充電器，就可以在這裡耗上一整天都不會有人趕你，若是不想帶電腦出門又想上網，也可以到各大城市都有的Apple Store使用最新的蘋果電腦上網！

圖片提供／許志忠

■通訊實用APP

通訊軟體是智慧型手機一定要有的功能，除了可以用Line、Whatsapp傳訊息，用Skype打電話外，還有許多APP提供免費的網路通訊，由於各州主要通訊不一，建議多下載幾款APP軟體，以防熟悉的APP在美國某處收訊不佳，還有別的可選擇；以下列出在美國最常使用的APP軟體：

推薦APP	說明
	SKYPE `iPhone` `Android` 即使沒有網路，也可付費申請撥打台灣、美國市話手機的方案
	Viber `iPhone` `Android` 是哀鳳(IPhone)使用者最愛用的通訊軟體
	Tango `iPhone` `Android` 想要視訊通話，可選擇此軟體較為穩定
	VoipDicount `iPhone` 可撥打台灣市話、美國市話和手機
	Talkatone `iPhone` `Android` 可撥打給Facebook的好友及撥打美國市話及簡訊
	Vonaga `iPhone` `Android` 結合Facebook的熱門通訊軟體
	Fring `iPhone` `Android` 功能與skype相似，也可付費撥打市話
	WhatsApp `iPhone` `Android` 熱門的簡訊通訊軟體
	LINE `iPhone` `Android` 熱門的通訊軟體，可發簡訊、通話

如何打電話
Work and Travel in USA

■撥打國際電話

撥號公式：國際冠碼＋國碼＋區域號碼＋電話號碼

台灣國際冠碼是002／009／019等，美國國際冠碼是011，若是不清楚國際冠碼，可以用＋代替。例如：用美國手機撥回台灣市話（02）12345678，手機0912345678撥打，市話：「＋886-2-12345678」手機：「＋886-912345678」。

撥打國家	撥打電話	如何撥打
台灣→美國	市話：(212)1234567 手機：1234567890	002-1-212-1234567 002-1-1234567890
美國→台灣	市話：(02) 12345678	011-886-2-12345678 區碼0不撥
	手機：0912345678	011-886-912345678 開頭0不撥

撥打國際電話小知識

- **國際冠碼**：告訴你所屬的電信公司即將撥打的電話為國際電話。
- **國碼**：你要撥打到哪個國家，如台灣國碼886，美國國碼1。
- **區域號碼**：受話的區域號碼，如台北區碼02，紐約區碼212。美國區碼查詢：www.ifreesite.com/phone/usa-area-code.htm

■公共電話

美國的公共電話和台灣一樣有投幣式及卡片式兩種，都可直接撥回台灣，也可接電話！若是身上零錢不夠，可以請對方回撥；使用方法基本上與台灣的公用電話一樣，相當容易。

圖片提供／許志忠

■國際電話卡

不想準備太多零錢在身上，也可以考慮購買國際電話卡，一般在中國城（China Town）有許多商店和攤販在販賣，或可以直接至www.callingtaiwan.com.tw線上購買，免運費又方便。

美國打回台灣可以參考「擎天中華通」　台灣打到美國可以參考「Pincity滿意卡」

■美國預付卡

若是你有台灣的三頻手機，就可以使用美國的預付卡。在美國常聽見的電信公司為AT&T和T-mobile，除了至電信公司購買預付卡外，也可以直接在沃瑪特（Walmart）買預付卡就可以使用，用完再加值即可。

如果沒有手機適用也可直接買，大約40美元就可以買到手機和300分鐘通話數相當便宜。在美國選擇要買哪家電信公司時，應先上官網查詢收訊好不好再做決定。

AT&T
網址：www.att.com

T-mobile
網址：www.tmobile.com

■網路免費電話

國際漫遊相當昂貴，電話卡與預付卡相較之下便宜許多，但是要在美國打電話又不想傷荷包，還是使用通訊APP利用網路免費打電話、傳簡訊最省錢！（詳見P.59）

美國國內交通

美國大眾運輸種類繁多，公車、電車差在哪？鐵路、捷運如何區分？只要跟著本篇解說，輕鬆區分各種類，透過省錢小祕訣，輕鬆花小錢暢遊美利堅！

飛機
Work and Travel in USA

美國領土遼闊，交通方式選擇眾多，若是跨洲旅行範圍較遠時，飛機是相當便捷的交通工具，由於大部分的機票促銷會從週末開始，而航空公司會跟進促銷，所以每到週二晚上與週三早上通常是票價最低點（The Travel Detective），不妨注意一下機票票價，尤其是在週一至週四出發的班機較假日便宜，若是運氣好還可以撿到特惠機票。

■線上搜尋
購買美國國內機票應注意票價變動及相關注意事項，參考推薦網站（詳見P.43）。

若是日期彈性，可選擇「鄰近機場」或「所選日期前後幾天」來搜尋，往往可省下不少費用

1.來回機票	8.前後1～3天	15.成人票數
2.單程機票	9.前後一週	16.選擇艙等
3.不同機場	10.彈性月分	17.限定直飛
4.出發地	11.出發時間	
5.目的地	12.回程時間	
6.出發地鄰近機場	13.出發前後3天	
7.目的地鄰近機場	14.回程前後3天	

美國交通順D溜

善用APP，查詢機票好便宜，
鄰近城市怎麼去，選擇國鐵捨飛機，
機場飯店往返交給Shuttle就可以，
旅遊城市利用公車、地鐵和Trolley，
公路旅行除了租車還有客運幫忙我，
第一次美國旅遊交通就上手。

GOOD!

旅行 小 祕 方

比價另類搜尋法
至網站（TravelSearch）輸入地點日期後，善用網站（Hipmunk）裡的價錢（Parice）搜尋，會顯示最優惠的票價，在美國城市內旅遊，除了飛機外，也可以參考美國國鐵。

1.價格／2.國鐵

■APP搜尋

不論是在上班還是用餐，只要將搜尋機票APP下載至手機，隨時隨地都可獲得最新票價資訊，若發現促銷機票，立刻訂就不怕錯失良機！

填上需求按搜索即可查詢，若不知機場代號可按探索，用地圖顯示

1. 出發機場代號或名稱
2. 抵達機場代號或名稱
3. 不轉機，選擇「僅直航」
4. 出發日期
5. 若要買來回票可點選返程，單程票則無需點選
6. 乘客人數

可利用分享存取資訊，若要訂票則可按5機票價格進行下一步

1. 分享至FB或e-mail
2. 加入我的最愛
3. 機票資訊
4. 所屬航空公司
5. 機票價格　　7. 過濾條件
6. 回上一頁　　8. 依喜好分類

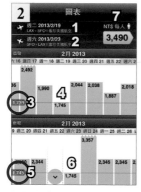

選擇符合的票價後按總價進行下一步

1. 出發資訊　　2. 返程資訊
3. 出發最低票價
4. 點選的出發班機
5. 返程最低票價
6. 點選的返程班機
7. 所選票價總額

可按1郵寄資訊，按2預訂機票，輸入信用卡資訊即可

1. 郵寄資訊　　2. 預訂機票

Shuttle
Work and Travel in USA

除了自行租車旅遊外，機場與飯店的交通也相當重要，搭乘計程車以錶計費相當昂貴，出機場大廳後可選擇連鎖機場接駁車(Shuttle)，事先上網訂購比較便宜，通常飯店也會有相關合作的公司，退房(Check out)時可請櫃檯幫忙叫車。

若是選擇搭乘火車取代飛機，從火車站至飯店的交通車也可事先上網留言或電話詢問有無專車配合，若是沒有的話也可以利用機場快捷或搭乘巴士(Flyaway)至火車站。

圖片提供／許志忠

Shuttle資訊看這裡

附上美國知名連鎖Shuttle網址，可至線上比價後，再預訂比較便宜，訂位完成後務必記得「訂票序號」，司機都是認序號不認人的！若是由櫃檯人員幫忙叫車，要再度確認目的地是「抵達機場」還是「火車站」，以免被司機另外敲一筆。

Supershuttle
網址：www.supershuttle.com

Primetimeshuttle
網址：www.primetimeshuttle.com

Airportexpress
網址：www.airportexpress.com

火車

Work and Travel in USA

美國國鐵（Amtrak）向來以景色著稱，價格多半比機票便宜許多，若是荷包有限的一定不能錯過。

■訂票方式

除了上網和電話訂購外，也可以利用手機APP訂票，訂購完成會收到電子車票（eTicket），將電子車票列印下來，即可至月台搭車，

若是行李眾多，應提前30～45分至窗口託運行李，每人可免費託運2件行李。在窗口託運行李所收到的證明要保管好，下車領行李時須出示。

旅行小祕方

國鐵票券玩美國最便宜

美國國鐵通行券（USA Rail Pass）可在美國境內使用，分為15、30天等不同效期，皆可無限制上下車搭乘，依自己的步調旅行，動線彈性又便宜的美國玩法。

美國國鐵資訊看這裡

美國國鐵(Amtrak)
網址：www.amtrak.com／電話：(800)872-7245

1.火車購票窗口／**2.**看板會顯示該去哪個月台(Gate)搭車／**3.**若有任何問題都可到資訊台詢問／**4.**售票機／**5.**LA超大的聯合車站(Union Station)／**6.**聖地牙哥優美的聖塔菲車站(SanTa Fe Station)

公車

Work and Travel in USA

公車是在美國常見的大眾運輸之一,搭乘方式與台灣差異不多,下車鈴則是採用早期拉繩,上車投現或與司機購買儲值卡,若收到轉乘券(Transfers)一定要保管收好,在特定時間內還可免費搭乘一次。

1.站牌最上方會顯示所屬公車種類,千萬別搭錯以免多付一次錢/**2.**售票機除了上車購票外,有些站牌旁也有售票機可購買/**3.**路線圖與時刻表除了站牌外,車上也有路線圖可供參考/**4.**票券可選擇一日券或購買儲值卡加值,若有轉乘券須注意使用時間/**5,6.**公車種類在美國各地均不同

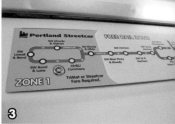

客運

Work and Travel in USA

想要體驗公路旅行,卻沒有駕照不能租車的話,可選擇美國客運又稱長營巴士,若你的路線在美東與美中居多,可選擇常以1美元促銷方式的Megabus;若路線在美西居多,則可以選擇路線眾多還可以去加拿大的灰狗巴士。若是提前1~2週上網購票,往往可以拿到9折甚至75折的優惠票。

■灰狗巴士(Greyhound)

行駛路線遍及美國與加拿大,路線眾多,想在美國體驗公路旅行,灰狗巴士一定會有你要的路線,除了提前上網購票,若有學生證與青年旅館卡也可享票價優惠,假如你選擇灰狗巴士作為公路旅行,也可購買周遊券(Ameripass)在特定天數內無限次數的搭乘灰狗巴士玩美國與加拿大。

■Megabus

在美中與美東盛行,美西則已停開,通常停靠點為學校、轉運站與火車站居多,與灰狗巴士相比較為安全,且中間不隨意停靠,可盡早抵達目的地,車上有免費Wifi可使用,並提供咖啡與報紙,若是在美東旅行一定要來搭1元的Megabus。

客運資訊看這裡

灰狗巴士
網址:www.greyhound.com
電話:(800)231-2222

Megabus
網址:us.megabus.com
電話:(877)462-6342

地鐵

Work and Travel in USA

市區大眾運輸除了公車之外,在美國還可以選擇地鐵作為交通工具。美國地鐵和台灣捷運相似,須先至售票機購票才能刷卡進入月台候車,相當容易,路線地圖可向各站服務台索取,或上網查詢。

1.售票機購買儲值卡或票券/2.驗票口/3.電子看板會顯示即將來的車種與目的地/4.月台候車須在人多地方較安全,並與軌道保持距離/5.紐約地鐵車廂內部(圖片提供/許志忠)/6.隨著指標出地鐵站(圖片提供/許志忠)

輕軌電車

Work and Travel in USA

像公車一樣在地面行走,長相卻與地鐵相似,各停靠站均有機票販售票券,可依需求購買一日券、多日券,或買儲值卡可加值。車上沒有特定驗票,通常是警察隨機抽查,像地鐵一樣每站都停,不須按下車鈴,但須按鈕開門。

1.售票機可使用硬幣與紙鈔外,信用卡與金融卡也可使用/2.月台候車,每站均會停靠/3.電車須按鈕才能開門/4.搭乘輕軌電車可欣賞兩旁的街景

租車
Work and Travel in USA

■如何租,如何還

自行開車體驗公路旅行是最道地(Local)的玩法,建議先上租車比價網(www.carrentals.com)找到適合的租車公司,再上網預約或至租車櫃檯辦理手續即可。

租車保險種類繁多,建議加保車輛遺失與損害險(Lost Damage Waiver),還車時就不必擔心車子刮傷。由於租車公司多半是全國連鎖,因此租車與還車地點可以選擇甲地租,乙地還的方案,還車時記得將油箱加到和租車時一樣的量,免得多付一筆加油服務費。

旅行小祕方

自行攜帶GPS更省錢

一般租車公司雖有提供租借GPS但費用往往以天數計算,長期下來比買一台還貴,如果家中有GPS建議自行攜帶,若是沒有也可善用Google Map查詢路況,下載離線地圖,並於租車時向租車公司索取免費地圖,確認路線即可。

在美國若看到「STOP」的標誌,務必減速慢行

租車公司看這裡

Dollar
網址:www.dollar.com

Budget
網址:www.budget.com

Hertz
網址:www.hertz.com

Enterprise
網址:www.enterprise.com

Avis
網址:www.avis.com

National
網址:www.nationalcar.com

■注意事項

在美國租車須攜帶國際駕照、護照和信用卡,有些租車公司只租給滿21歲且持有駕照的人,有些租車公司則是未滿21歲且持有駕照的人須多付一筆費用,建議在租車前應詢問清楚。

美國雖與台灣一樣是左駕,但交通法規仍要遵守,像是高乘載車道(Carpool Lanes)有規定車上人數及可行駛時間,車內每位乘客均要繫安全帶,若是看到停止(Stop)標誌務必停下來,注意來車才可行駛,而在美國駕駛都很有禮貌會禮讓行人,若是停車也要避免停到藍線(殘障專用),在舊金山停車則是要注意輪胎轉向,建議停車之前可先參考其他車輛停法,以免受罰。

1.美國油價依各地加油站而定,加油前可先貨比三家／2.紅綠燈旁街有路標指示／3.停車前應注意路標,切勿停到殘障專區

在美國，吃哪些道地美食？

在美國吃飯費用比台灣高出許多，光是一瓶礦泉水就要台幣100元，麥當勞餐點也要台幣200元起，在美國飲食若是荷包不足的話，可是得要餐餐計較，但是便宜不代表要吃得窮酸，只要善用特價時段與打包文化，就可以用低廉的價錢吃到高級餐廳的食物。

美國瑪芬蛋糕種類多樣又美味。

除了星巴克咖啡外，美國有許多便宜又好喝的咖啡。

美國街道上特有的卡車攤販，類似台灣路邊攤，價格比餐廳便宜許多。

美國麥當勞蘋果派。

若是到西雅圖或舊金山等港口城市，一定要嘗試的海鮮餐點

省錢小祕訣

在美國即使同樣的餐點，午餐卻比晚餐便宜，若是想吃高級餐廳卻又考慮費用，可以在午餐或特價時段享用，利用快樂時光(Happy Hour)與早鳥優惠(Early Bird)往往有8折甚至更低的折扣，或是每週特餐(Weekly Special)點選餐點，都可以節省一筆費用。

1.善用每週特惠，省錢吃美食／2.許多飯店有免費附早餐，是省錢妙招之一／3.遊樂園的餐廳較昂貴，可以選擇園區內便宜咖啡廳或速食店(圖片提供／HUI WEI WU)

飲食文化大不同

Work and Travel in USA

■訂位與帶位

若是前往熱門餐廳應事先訂位，除非是去速食店用餐，否則均要在門口等服務人員帶位，千萬不可以直接找位子坐下來，若是找不到訂位資訊可上訂位網（www.opentable.com）查詢。

■套餐與單點

美國套餐價不一定比單點便宜，選擇餐點前可比較價目表，尤其是速食店，套餐價格就是單點總和，飲料大多可以續杯，建議單點你要的薯條、漢堡後，加點小杯可樂即可。

■小費與打包

普通餐廳小費為消費總額的10～15％，而高級餐廳或晚餐則可增加至20％，結帳時可以選擇要

卡樂星(Carl's Jr.)

在美國的速食店由於飲料都可以續杯，因此單點往往比較划算，如果你來到卡樂星，除了單點還可以選擇卡樂星套餐(Combo)，通常一個套餐只要5美元，相當划算！

特惠套餐5美元

用信用卡付小費或現金給均可。美國食物分量較多，大部分餐廳所提供的麵包都可免費續點，往往主餐還沒來就飽了，若是東西吃不完，可以打包帶走當作下一餐或宵夜，尤其是平價知名連鎖的「橄欖花園」（Olive Garden）和非吃不可的「起司工廠」（Cheese factory）。

道地美國餐廳，超便宜又美味的馬鈴薯餅與甜點

桌上有各式調味料，可依喜好添加

美國披薩有許多口味是台灣沒有的

特式各樣餐廳招牌(Buffet自助餐／Coffee shop咖啡廳)

許多速食店與餐廳的飲料都是無限續杯，嚐嚐台灣沒有的汽水(圖片提供／HUI WEI WU)

雖然速食店不用給小費，但還是有消費稅，點餐時應注意

如何點餐有訣竅
Work and Travel in USA

面對琳瑯滿目的菜色，密密麻麻的英文，不知從何點起，只要確定點餐類別，就不會出現點了整桌湯品而無主餐的窘境。

開胃菜(Appetizer／Entrees)
若是人數較多，可點一兩樣主菜後，多點選開胃菜節省餐費。

**餐廳特餐
(Specialties／House Specials)**
餐廳推薦，通常是餐廳招牌菜，若是沒有可以直接詢問服務生，餐廳最特別的菜色(What is the specialty of the house?)。

飲料(Beverage／Drinks)
點完飲料後，記得詢問服務生可否免費續杯(Are there refills free?)。

沙拉(Salads)
點沙拉時，服務生會詢問要哪種沙拉醬(What kind of dressing would you like)？部分餐廳可以免費續加沙拉。

**主菜
(Main Course／Main Meal)**
價格稍貴，若不知點什麼可詢問服務生，今天推薦餐點是什麼？(What do you have for today's special?)，若是點牛排，服務生會詢問幾分熟(How do you like your steak)？有專業用法(Well done 全熟／Medium-well七分／medium五分／rare三分)，千萬別直接回數字Five≠五分熟。

**酒單
(Wine List／Liquor／Alcohol)**
點酒前務必注意單位(Glass杯／Bottle瓶)，在美國喝酒法定年齡為21歲。

湯(Soups)
通常是沙拉與湯二選一。

甜點(Desserts)
除了常見的杯子蛋糕、鬆餅外，「Krispy Kreme」的甜甜圈也是不容錯過的甜點。

常見的美食店家
Work and Travel in USA

■餐廳

在美國最常見就是披薩(Pizza)和義大利麵(Pasta or Spaghetti)餐廳,來美國一定要吃的三間連鎖餐廳:老式義大利麵工廠(Old Spaghetti Factory)、橄欖花園(Olive Garden)和起司工廠(Cheese factory)。

橄欖花園(Olive Garden)

起司工廠(Cheese factory)

■速食店

美國速食店眾多,除了台灣常見的麥當勞(McDonald)、肯德基(KFC)和漢堡王(Burger King)外,可以嘗試台灣沒有的速食店,像是薯條特別的傑克在盒子裡(Jack in the box),還有隱藏漢堡超美味的進與出漢堡(In N Out),墨西哥式的速食店(Taco Bell)、溫蒂漢堡(Wendy's)等。

Sharis是全美連鎖好吃又平價的24小時餐廳

國家公園或觀光景點附近均有平價餐廳

■美食街

美國的百貨公司也有和台灣相似的美食街(Food Court),裡面有各式各樣的異國料理,種類豐富,價格比一般餐廳便宜許多,最重要的是可以不用給小費。

■三明治店

若是吃膩了義大利麵,又沒有百貨公司在附近,不能去美食街覓食,不妨看看附近是否有三明治(Sandwish)店,裡面會提供漢堡、三明治、沙拉等熟食,價格也相當便宜。

作者推薦好味道

Jack in the box

傑克在盒子裡的典故是傳說收禮物盒如果有玩偶會跳出來,表示驚喜,如果你來到傑克在盒子裡,一定要點充滿驚喜的特別薯條(French Toast),是作者心中第一名。

Denny's

若是想體驗美式家庭餐廳,就可以選擇分店眾多且24小時營業的丹尼餐廳,都是相當傳統的美式食物,早餐價格相當優惠外,咖啡還可以免費續杯!

抵達美國

「Old Spaghetti Factory」的義大利肉醬千層麵

橄欖花園遍及各城市，麵包和沙拉都可以免費續點，是平價美食餐廳首選

起司工廠(Cheese Factory)裝潢充滿異國情調，還有美味的義大利麵

一定要嘗試的墨西哥捲餅

比薩也是餐點選擇之一

便宜又好吃的進與出漢堡(In N Out)

美國速食店除了雞塊比台灣多，連漢堡都比臉還大

來到美國一定要吃最道地的漢堡和起司薯條

除了漢堡速食外，也可以吃到日式餐點

美國百貨公司都會將美食街各家餐廳標示出來

戶外用餐也是不錯選擇

預算有限也可參考便宜的中國菜快餐店(Panda Express) (圖片提供／林敬旻)

美國旅遊，有哪些住宿選擇？

　　建議住宿依據人數選擇住宿類型，若是獨自或兩人同遊時，選擇青年旅館(Hostel)和汽車旅館(Motel)較為便宜，若是人數4～6人可以選擇飯店(Hotel)較為划算，6人以上的大團體就可以選公寓出租，租一整棟的不僅便宜又有自己的空間。

青年旅館
Work and Travel in USA

　　想要住得便宜又可以結交世界各地的朋友，一定要來青年旅館住上一晚，若是無法與陌生人共住一房或共用浴室，也可加價換房型，而青年旅館都有交誼廳、廚房可免費使用，布告欄也都會有免費聚會、派對、導覽等活動，不僅住宿便宜，櫃檯也有許多旅遊優惠的資訊可以詢問，是名符其實的「俗擱大碗」。

旅行 小 祕 方

持會員卡享有住宿優惠

　　只要辦理青年旅館會員卡(Hostelling International Card)就可以享有住宿優惠，由於價格低廉，住青年旅館要自備盥洗用品，除了牙膏牙刷外，洗髮精、沐浴乳等也須自行準備，毛巾和浴巾通常可和櫃檯租用。

汽車旅館
Work and Travel in USA

　　美國的汽車旅館多半是兩層樓，1樓即為停車場，若是選擇1樓就不用搬運行李，選擇2樓則是隔音較好。房間擺設則和台灣汽車旅館差很多，在裡面找不到情趣座椅、蒸氣室與按摩浴缸等豪華設備，但是價格很划算，約在40～80美元／晚。如果荷包有限，建議選擇美國知名連鎖的汽車旅館，如Super8、Motel6，價格低廉也比較有保障。

公寓出租
Work and Travel in USA

　　有許多美國當地人會將房子出租，滿像台灣的民宿，房型從單間到整棟，住的天數越多價格越便宜，不過要注意的是房東避免物品損害賠償等，通常會須要押金，有些房東押金會變相成為清潔費而不退還，決定出租前應向房東再三確認費用，推薦網址：www.airbnb.com.tw，其他網址詳見P.45。

人數較多時，建議可租網路、廚房、客廳的房子，運氣好有時還可租到含車庫的(圖片提供／楊師睿)

飯店
Work and Travel in USA

在美國有許多平價連鎖飯店，如Best Western、Holiday Inn、Days Inn，由於美國房型多半是一大床（King Size）或兩床（Queen Size），若是4人旅行可以選擇兩小床一起分租費用，而且大多附有早餐，比住青年旅館還划算。

兩床(Queen Size)是美國常見的房型

若是入住高級飯店，還會有私人游泳池、海灘與酒吧

過來人提醒 | 個人用品需自備

不論是住飯店或青年旅館，都必須自行帶牙膏、牙刷，由於大部分飯店均提供肥皂居多，若是慣用沐浴乳也需自行準備。另外因美國人進房均無脫鞋習慣，建議自備拖鞋。

推薦網站看這裡

青年旅館

可至全球最大的連鎖青年旅館(Hi Hostel)搜尋，網頁都有提供簡體中文，訂房相當容易，若是找不到適合的旅館，也可至以下網站搜尋看看。

www.hihostels.com / www.hostelbookers.com
www.hostelworld.com / www.hosteltraveler.com

汽車旅館

www.super8.com / www.motel6.com
www.budgethost.com / www.travelodge.com

飯店

www.daysinn.com / www.bestwestern.com
www.holidayinn.com / www.redlion.com

■ 住宿實用APP

推薦APP	說明
	hotels.com iPhone Android 中文訂房網，可享入住10晚送1晚，選擇以美元訂房才可在限期內免費取消訂房
	TripAdvisor iPhone Android 具有豐富景點與入住客之旅館評論，公信力十足
	Hi Hostels iPhone Android 全球最大青年旅館網站，具有詳細各地資訊
	Jetsetter iPhone 內容以美國為主，有各地著名的景點及旅遊資訊

其他住宿APP

 Agoda   Booking.com   Hotel Booker   Hostelworld

實用旅館單字 指指點點

洗髮精 / shampoo	牙膏 / toothpaste	面紙 / facial tissue
潤髮乳 / conditioner	牙刷 / toothbrush	衛生紙 / bathroom tissue
沐浴乳 / body wash	棉花棒 / Q-tip	吹風機 / hair dryer
乳液 / lotion	衛生棉 / pad	刮鬍刀 / razor
卸妝棉 / remover	棉條 / tampon	毛巾 / towel

Travel
for
Pleasure

Work
for
Experience

USA
Let's Go!

Work and Travel in *USA*

打工攻略篇

美國的工作類型有哪些？

對於該選擇哪些工作沒有頭緒嗎？順利拿到簽證後，卻不是很清楚自己所應徵的工作項目嗎？想了解完整的工作內容，卻不知道該從何搜尋？本篇收錄了10位過來人打工經驗分享，讓你一目了然！

高函郁

1.與最漂亮的兩位羅馬尼亞同事合照 / 2.搭上飛機前往美國的第一天，心情和飛機一樣飛上天 / 3.我選擇達美航空(Delta)與我一起飛往美國夢 / 4.在日本轉機時，不忘買最愛的甜點前往作伴 / 5.下飛機迎接我的是：人山人海的排隊人龍

我為什麼要到美國打工度假

　　嗜旅行如命的我，對於打工度假一直興致勃勃，但多半效期動輒1年，一生又只能參加一次，礙於課業而無法前去，直到得知美國可以利用暑假期間到美國打工度假，又沒有次數限制，於是便再度燃起心中那股欲望，我知道我絕對不能再錯過了！

工作地點(Location)	布萊斯(Bryce) / 猶他州(Utah)
公司名稱(Host Company)	Ruby's inn
工作職務(Position)	帶位服務生(Host)
平均薪資(Salary)	1小時$7.25 / 1週工作40小時
住宿(Housing)	雇主提供 / 1週$31.25
住宿到工作距離(Distance)	On-site工作地點宿舍
必備物品(Necessary) 原因(Why)	**防曬乳：**美國的防曬都只有防曬傷，沒有防曬黑，所以怕黑的同學一定要記得帶！

前往美國工作第一天，大家的行李多到一台車放不下

1.超活潑的姊妹檔／2.最愛的休閒娛樂是露營與烤肉／3.下班後一同散步去餐廳覓食／4.上班時常自製小點心犒賞自己／5.人來瘋的歐洲同事／6.對我們超溫柔超親切的美國媽咪／7,8.一休假就會揪團一起去鄰近城鎮旅遊

我的工作內容

　　我在布萊斯峽谷（Bryce Canyon）旁的餐廳當帶位人員（Host），將每一位顧客帶至所屬的位子是我的工作內容，也因此讓我獲得許多和顧客聊天的機會。每當遇見說中文的遊客時，總是會大聊幾句互相勉勵，有一次與曾在台灣學中文的外國爺爺相談甚歡，即使素未謀面卻願意留下他的臉書，並關心我們在美國打工過得好不好，告訴我們需要幫忙時可以打給他。

　　每當下班感到疲憊，可愛的羅馬尼亞同事總是會給我大大的擁抱，打烊時，親切的墨西哥廚師會給我們賣不完的牛排，我和澳門同事總是打包了滿滿的玉米胡蘿蔔、超好吃的滷雞翅、價格不斐的鮭魚回家，所以雙手總是有疊高高的外帶餐盒。

1,2.多少個夜晚，數不盡的派對 / 3.下雨天的美國專屬「雨具」 / 4.某天下雪時，隨手拿起手機拍下 / 5.房間網路不穩時，飯店大廳是好去處 / 6,7.那些一起慶祝生日的時光

超High的員工派對

在夢幻國度美國工作時，每天都像是打開百寶箱一樣的驚奇與特別。有一次上班主管笑咪咪的告訴我們，5點下班時一定要參加一年一度盛大的員工派對，還記得那天在草地集合，許多員工帶著小孩在大型的充氣溜滑梯與城堡玩耍，旁邊的美國同事則是排隊等待現烤BBQ，迫不及待想要享用頂級牛排，土耳其同事則是忽略了每天當開水喝的可口可樂，拿了許多免費的啤酒等不及要與我們玩台灣海帶拳，我永遠都忘不掉當澳門同事抽到一整袋鹹爆米花後樂不可支的表情，美國弟弟則是抽到大獎烤肉機時興奮不已，這樣的場景不再只是從美國影集裡看見，而是活生生的近在眼前。

1.美國國慶日的專屬派對 ／ 2.每次都是由「專業攝影組」進行拍攝 ／ 3.小廚娘自製的法式焦糖蘋果塔 ／ 4.在美國也要懷念家鄉料理「滷肉鍋」／ 5.搭便車旅行忘記帶台灣國旗,只好拿澳門國旗充數 ／ 6.和室友們一起分享下雨後的彩虹 ／ 7.當有人工作結束準備離開,就一定會有「溫馨大合照」

那一年我的美國夢

　　我永遠忘不掉在布萊斯峽谷打工的那年暑假。

　　還記得因為電影《127小時》(127 Hours)的緣故,就夢想在峽谷國家公園裡生活,劇中藍天白雲的遼闊天空,與壯麗的峽谷景觀著實讓我震懾,打破以往對美國只有尼加拉瓜瀑布與黃石公園的刻板印象。睜開眼就可見一片深藍與棉花糖般柔軟的雲朵陪伴,傍晚下班踏著輕鬆的步伐,與時而橘紅,時而藍紫的彩霞為伍,夜晚吃飽喝足後去森林裡探險,漫步在星空下與金髮碧眼的外國同事,談過去談現在也聊未來,還記得一起向流星許願,要在世界的某個角落再次相遇。

　　而我,將永遠不會忘記在布萊斯峽谷打工的那年暑假。

地點：蒙大拿州
職務：黃石公園工讀生

蘇亭臻

1

1.西黃石小鎮假日飯店(Holiday Inn)走廊一隅 / 2.西黃石小鎮公園 / 3.黃石國家公園 /
4.黃石國家公園的大稜鏡胡

我為什麼要到美國打工度假

　　我是個為旅行而瘋狂的女孩！高中時期在空中英語教室雜誌上看到黃石公園如此驚為天人的介紹，讓我下定決心生平一定要去一次！而打工度假(Working Holiday)是誘人的勾魂迷幻票，讓我一去就愛上他。今年是我第二次參加美國打工度假！

工作地點(Location)	西黃石公園 (West Yellowstone) / 蒙大拿州(MT)
公司名稱(Host Company)	Gray Wolf
工作職務(Position)	房務員(Room Attendant)
平均薪資(Salary)	1小時$8.25 / 1週工作36～40小時
住宿(Housing)	雇主提供 / 1週$42
住宿到工作距離(Distance)	On-site工作地點宿舍
必備物品(Necessary) 原因(Why)	**拋棄式隱形眼鏡**：在美國若要配戴隱形眼鏡，必須要有醫生開處方箋，才能購買，重點是貴的嚇死人，醫藥費可是一般學生付不起的。

Lake Hebgan

1.黃石國家公園的Buffalo / 2.當日最高小費紀錄有23美元 / 3.Lake Hebgan / 4.洗衣間裡滿到爆炸的床單 / 5.西黃石小鎮動物園的棕熊 / 6.在Lake Hebgan 湖旁和外國朋友一起BBQ

我的工作內容

　　我在西黃石國家公園(West Yellowstone)的一家四星級飯店擔任房務員(Room Attendant)，這是一家評價很不錯的飯店，8～9月是旅行的旺季，旅客總是絡繹不絕，也是我們最忙碌的時候，從早上8點工作到下午4點，忙到中午連吃飯休息的時間都沒有，有一次我一個人掃了25間大房間，掃到晚上6點多，還好同行的台灣朋友都會彼此互相幫忙，擔任房務員最開心的莫過於每天打開房門的剎那，我的雙眼會自動掃射過任何可能出現小費的小角落，小費最高紀錄是一天25美元。

1.隨處可見在人行道旁午餐的外國人 / 2.波茲曼小鎮的街道十分乾淨 / 3.許多波茲曼小鎮的居民都有信仰 / 4.波茲曼小鎮的街道均有地圖,不怕迷路 / 5.在波茲曼小鎮的書店 / 6.悠閒的波茲曼小鎮

對不公平待遇勇於説出來

　　我們的主管(Supervisor)是一位美國中年女性,工作前期對我們台灣人還不錯,但過了幾週後,我們發現她是強烈的種族歧視主義者,威脅我們必須在規定時間內打掃完,不然就要把我們的工作辭掉,遣送我們回台,相對之下,他和其他美國員工就非常要好,但那些美國人不但工作時間混水摸魚,不是宿醉曉班就是經常性遲到。

　　由於之前有前輩告訴我們,若是遇到讓你不舒服或不公平待遇,一定要勇於說出來,不然外國人會覺得你無所謂,於是我們寫信投訴那位主管,過沒多久,他果然被要求辭職,而新來的主管,他不但時常主動來支援我們,也對我們這群來自不同國度的學生非常親切,請我們吃大餐,還開車載我們去黃石公園裡看流星。

　　在這裡沒有光害,幾乎每天都可以看到流星,平均1小時就有3、4顆流星墜落,我們從飯店裡拿了幾條毯子,鋪在草地上,映著月光靜靜地的等待流星劃過天際,那是我這輩子第一次看見最多流星的一次,這快門捉不住美麗瞬間,只能深深地被刻在回憶深處。

1.拉斯維加斯的威尼斯人酒店 / **2.**加州的Irvine Spectrum Center / **3.**西雅圖的派克市場內的攤販 / **4.**舊金山的藝術宮(Palace of Fine Arts) / **5.**加州的海邊(Laguna Beach) / **6.**拉斯維加斯的夜晚令人迷戀 / **7.**土耳其同事離開前一晚的合照

那一年我的美國夢

　　這兩年的美國打工度假，我走遍了美國9個州、5個國家公園，和無數個大城市！美國是個充滿驚奇的國家！什麼事隨時都有可能發生在你身邊、給你驚奇！來自世界各地的旅客，不同的國度與時空，有時卻能感受到彼此相同的頻率，有時卻可以完全顛覆你的想法，不斷地使靈魂互相衝擊。

　　我想把這裡的回憶全部裝進行李箱全部帶走！然而我的行李箱已超重！但一點一滴的回憶永遠存留！永遠忘不了第一次在西雅圖看夜景，太空針塔(Space needle)讓此刻繽紛就此停格的感動！拉斯維加斯不夜城的狂野與驚豔！舊金山漁人碼頭的慵懶！大峽谷的宏偉！還有加州海邊的熱情奔放！

地點：懷俄明州
職務：黃石國家公園收銀員與餐廳助理

2

3

白敏麗

1 4 5

1.聖誕節餐廳員工合影／**2.**國家公園特殊的地理景觀／**3.**五顏六色的世界之眼／**4.**黃石公園最著名的老忠實噴泉／**5.**下黃石國家公園

我為什麼要到美國打工度假

　　嚮往自然美景的我，一知道有機會可以到美國暑期打工，就毅然而然的決定黃石國家公園。不拒絕陌生環境跟認識新朋友的我，如果要說什麼特別吸引我去黃石的原因，那就是黃石國家公園的景觀與生態所散發的美，太令人無法抗拒了。

工作地點(Location)	釣魚橋(Fishing Bridge)／懷俄明州(Wyoming)
公司名稱(Host Company)	黃石國家公園(Yellowstone National Park)
工作職務(Position)	收銀員(Cashier)、餐廳助理(Restaurant Assistant)
平均薪資(Salary)	1小時$7.9／1週工作30～39小時
住宿(Housing)	雇主提供／1週$77
住宿到工作距離(Distance)	On-site工作地點宿舍
必備物品(Necessary) 原因(Why)	**相機**：公園內實在太美了！除了風景，還有隨時會遇到動物，例如：牛、鹿、熊、狼。 **泳衣**：因為工作地點對面就是一大片很清澈的湖，所以游泳也是我們的休閒活動之一。 **保暖衣物**：若工作在高山一定要記得帶保暖衣物。

老忠實噴泉的一部分

1.牛仔節員工餐廳員工合影 / 2.每週三下班後的營火派對 / 3.結交各國的好朋友 / 4.紀念品商店的一角 / 5.員工餐廳的廚房一隅 / 6.紀念品商店裡的餐廳廚房

我的工作內容

我的工作位於國家公園內的紀念品商店(General Store)，裡面有分雜貨(Grocery)、禮物(Grift)、衣物部(Apparel)、餐廳(Restaurant)等，剛開始被分配到衣物部(Apparel)當收銀員，每天吸收客人跟你分享在黃石公園內遇到的驚奇，像是今天看到了熊、遇到了狼家族等。

除了收銀外，補貨也是我們的工作之一。除了衣服外，像是襪子、睡衣、帽子、夏冬兩季衣褲等都要負責，但補久了自然知道哪些是熱賣商品。由於小閣樓是放置貨物的地方，在補貨時跟著主管在閣樓裡聊天，也是學習聽英文的機會之一。

兩個禮拜後被調到員工餐廳裡當助手，從洗碗、擦桌子、補餐具、夾菜開始，包含切、煮、補貨，樣樣都來，在那裡是我最感溫馨的時候，我的同事都是有點年紀的叔叔阿姨，他們簡直把我當小孩一樣的疼，有時候會教我怎麼做蛋糕、炸魚等。我們的員工餐超級豐富，主餐是必備的，還有飯後點心、生菜沙拉、水果、飲料機、喝不完的牛奶等。

最後兩個禮拜則被調到商店餐廳裡的廚房當助手，因為很多人結束工作，所以被調來支援，準備沙拉、餐盤、幫忙製作奶昔、洗碗、煮咖啡、挖冰淇淋⋯⋯等，其實跟在員工餐廳裡工作差不多，在裡面同事們什麼都聊，有個可愛的曾曾祖父同事，還會不時的嚇人，我們會一起吹口哨工作，在這裡不用擔心有事不會做，因為同事們會用最耐心的方法把你教到會。

1.定期舉辦的慢速壘球比賽 / 2.美國獨立紀念日遊行 / 3.聖誕節所有餐廳員工到齊 / 4.一大群熊遷徙時留下的大腳印 / 5.營火派對烤棉花糖 / 6.準備聖誕大餐之餘 / 7.中午的聖誕火雞餐

精彩可期的聖誕節

因為工作地點位於深山，大家的感情日漸濃厚，沒有國界之分。會在地下室一起慶生、釣魚、泡溫泉、開船、開車出城等。某天的夜晚裡，我們還挑戰了低溫裸泳，看著大大的月亮游泳真的是一件很舒服的事。

但最最最精彩的就是聖誕節了，在8月24號，我們在黃石慶祝聖誕節，暑假時就收到員工餐廳經理送的第一份聖誕禮物，很漂亮的淡藍色項鍊，像是爺爺奶奶送給孫女聖誕禮物一樣。

員工們一起準備聖誕大餐，所以我也學會了一些簡單美食的製作方法，像是老鼠造型的巧克力，一些聖誕裝飾等，好像電影裡的外國家庭在慶祝聖誕節，晚上是大家最期待的聖誕派對，每個國家都有代表使出渾身解數來表演，有來自多明尼加的合唱，捷克樂隊的管樂，還有參雜著有趣的美式笑話主持等，大家戴著聖誕帽齊聚一堂，享受表演與美食。

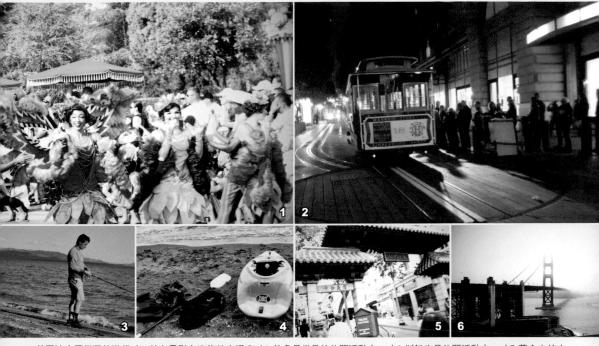

1.美國迪士尼樂園的遊行 / 2.曾在電影上出沒的交通車 / 3.釣魚是常見的休閒活動之一 / 4.划船也是休閒活動之一 / 5.舊金山的中國城 / 6.在霧中的金門大橋 / 7.我的慶生派對 / 8.下班後的鬆餅派對

那一年我的美國夢

　　每每想起，總是嚮往著再體驗一次！在哪裡可以讓我看到銀河當背景的流星雨？在哪裡可以讓我每晚聽到狼嚎？在哪裡可以讓我走在道路上，就會撞見許多令人驚奇的動物？在哪裡可以讓我游泳在像大海裡？在哪裡可以讓我吃到進與出(In and Out)漢堡？在哪裡可以讓我坐在露營車裡，聽著、看著過來人的分享？

　　還記得當有人離開大夥哭成一片，還記得工作前的西雅圖與波滋曼，工作結束後的洛杉磯、舊金山跟韓國。這些過程，都將成為我開啟另一個旅程的養分。

地點：德州
職務：水上樂園園區工作人員

林敬旻

1. 在西雅圖的派克市場與金豬合照 ／ 2. 西雅圖的口香糖牆 ／ 3. 西雅圖的太空針塔

我為什麼要到美國打工度假

由於本身就是讀外文相關科系，在系上教授一句話：「都讀外文系了，畢業前沒出國看看世界太可惜。」便興起了出國的念頭。但跟團很不自由太沒意思，開銷又大，於是便在系上同學的邀約之下，一起團報了美國打工的方案。

會選美國的原因主要是因為離家夠遠，感覺真的有出遠門的感覺，再加上從國中就很想去西雅圖玩，想要在工作結束賺夠錢後規畫西雅圖之旅。

工作地點(Location)	蓋維斯敦(Galveston) ／ 德州(Texas)
公司名稱(Host Company)	Schlitterbahn Water Park
工作職務(Position)	園區工作人員(Park Service)
平均薪資(Salary)	1小時$7.5 ／ 1週工作50小時
住宿(Housing)	雇主提供 ／ 1週$110
住宿到工作距離(Distance)	10分鐘車程
必備物品(Necessary) 原因(Why)	**防曬乳、太陽眼鏡**：正午太陽高掛，自備一副太陽眼鏡做起事來會更有效率！德州太陽又毒又辣，只有員工帽遮陽是不夠的，平常只穿短袖短褲打掃，需要防曬係數更高的，推薦在美國買露得清係數80以上，好擦之外，流汗皮膚也不會濕黏

1.水上樂園滑水道 / **2.**清積水也是我的工作之一 / **3.**在水上樂園工作是推垃圾車 / **4.**工作半個月後，皮膚色差 / **5.**水上樂園的黃昏

我的工作內容

　　我是在位於德州東岸蓋維斯敦(Galveston)島上的水上樂園(Schlitterbahn)打工；主要工作內容不外乎維持園區乾淨整潔、清理垃圾桶、打掃廁所等粗重工作。剛上工的前兩個禮拜其實很沒辦法適應，毫無心理準備。突然被要求清理偌大園區內的所有垃圾桶真的很吃不消，加上天氣炎熱，發臭長蟲的垃圾桶也不在少數。在廁所的清潔工作是刷馬桶和刷地板，時常接觸惡臭的排泄物也讓我做了好一陣子才適應。直到工作後期，每天下班回到住所渾身都是臭味也已經習以為常了。

1.隨時都要保持微笑 / 2,3.西雅圖的華大蘇桑諾圖書館(Suzzallo Library)

觸動人心的笑容

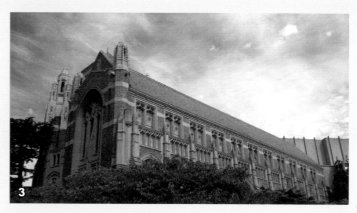

　　8月中的德州特別炎熱,已經接近下午5點了高溫還有攝氏35度,當時推垃圾車已經推到筋疲力竭,突然肩膀被人從後面點了一下,是一名牽著小男孩的年輕媽媽。還記得她雙眼看著我很誠懇地說:「You really did a great job!」年輕媽媽接著說,她從早上9點就來到園區,其實默默都在看著我將垃圾車推進推出,來回不下數十趟,但始終看到我臉上掛著笑容,真的讓她內心很感動,要走之前她毫不介意將我沾滿臭汁的手用力的以雙手握住說:「我真的非常欽佩你,我要讓我兒子好好學習你的精神。」那纖細卻又堅定的觸感,我真的一輩子都不會忘記。

1,2.西雅圖佛里蒙特鎮(Fremont)與路標 / 3.西雅圖公共圖書館的電梯 / 4.洛杉磯機場的中國快餐店(Panda Express)

那一年我的美國夢

　　這兩個多月的打工經歷雖然辛苦的成分占大多數，但還是從中學習到很多平時無法累積的人生經驗，不論在跟上司的應對、同事間的相處或是和遊客間的互動，這份工作都著實讓我學到更謙卑的做人道理；工作結束後去到西雅圖，那裡的濃厚雅致的人文氣息更是讓我開了眼界，雖然只在當地短暫停留一週，但對於西雅圖美好的印象已經深深內化到心裡了。

　　今年大四畢業後就要當兵了，我已經決定明年存夠了錢，一定要帶父母來這個讓我感動良久的城市———西雅圖。

地點：紐澤西州
職務：六旗遊樂園餐飲服務員

Hui Wei Wu

1.年紀跟我差不多的經理／2.前往大賣場(Walmart)採買生活用品／3.搬到六旗的宿舍，大家行李超多／4.人好相處的泰國室友／5.到當地才認識的一群朋友

我為什麼要到美國打工度假

　　每個人去打工度假都想要得到一些收穫，恰巧與朋友談論這類的議題時，他就推薦我出去。而我想要自己更獨立，開闊視野，認識更多不同環境的人，這些是促使我出去的原因，為了想了解許多人的故事，期許在寫作上有不一樣的發揮，所以在工作的選擇上，我不選擇工薪高的房務員(Room Attendant)，而是選擇可以接觸人群的遊樂園。

工作地點(Location)	傑克森(Jackson)／紐澤西州(NJ)
公司名稱(Host Company)	六旗遊樂園(Six Flags Great Adventure)
工作職務(Position)	餐飲服務員(Food Service)
平均薪資(Salary)	1小時$7.25／1週工作40小時
住宿(Housing)	雇主提供／1週$70(含水電)
住宿到工作距離(Distance)	走路10~25分鐘(依工作地點而定)
必備物品(Necessary) 原因(Why)	**防曬乳**：工作地點在室外，太陽很大，且美國買的防曬乳只有防曬傷，沒有防曬黑。 **太陽眼鏡**：太陽很大，大到你無法直視前面的道路，所以必備。

1.遊樂園一景 / 2,3.外場工作環境 / 4,5.內場工作環境 / 6.以雲霄飛車聞名的六旗樂園 / 7,8.想要玩刺激冒險的遊樂設施,絕對不能錯過六旗遊樂園

我的工作內容

　　我的工作是遊樂園的餐飲部,而在遊樂園裡有許多不一樣飲食提供,例如:熱狗、漢堡、沙拉、點心等,我們是負責清潔環境,製作食品,出餐如幫助點餐人員拿餐點給客人,或準備飲料與點心,甚至是幫客人點餐與結帳等。

　　剛開始因為英文不流利,很害怕點餐,打卡時總是主動與經理說想負責出餐而逃避說英文,直到我的經理說:「許多事因為不熟悉而害怕,越是不想要,就越要學習面對。」也因為他的一番話,讓我在工作的時候觀察其他人怎麼做,降低陌生與害怕,就可以很快速的幫客人點餐了。

1.刺激的木軌雲霄飛車 / **2.**各式各樣雲霄飛車任君挑選 / **3.**在遊樂園也可以享受高空彈跳 / **4,5.**以雲霄飛車聞名的六旗樂園

親身經歷過，
才會了解箇中滋味

由於遊樂園的餐飲部門眾多，而我是機動性的人員，所以每次上班就像抽獎一樣，不能預測自己的命運。有一次上班，分配工作的人跟我說，我被分發到最嚴厲的經理時，當下心裡只有「完了」，並懷著忐忑不安的心情坐上小巴士前往。

到了工作地點，我連忙自動自發的找事做，檢查庫存，清潔環境，並開始製作餐點等，我的行為讓那邊的經理對我印象深刻，因為他說：「沒有人一開始來就知道自己該做什麼，而我很不一樣，知道自己該做什麼，所以他滿喜歡我的。」我聽到當下真的超開心，也發現到經理不是不好，只是因為大家到新的環境表現較不佳，所以他才會很嚴厲的督促大家。

這樣的經驗讓我覺得，任何事還是要自己去經歷過，才會了解箇中滋味，如果我當初要求換工作，那我就不會認識這位人很好的經理了。

1.紐約時代廣場／2.紐約中央車站的人聲鼎沸／3.看棒球的好天氣／4.坐船參觀紐約州／
5.港口區／6.華爾街封街繪畫／7.可以找到自己嗎

那一年我的美國夢

　　也許不會有這樣一個機會可以讓你在異地生活那麼久，所以參加打工旅遊，讓自己體會從未想過的生活是很好的一種選擇。原先講英文會有很嚴重泰國腔的我，除了發音越來越好之外，還大大增進英文口語表達能力；面對工作環境中來自美歐亞國家的工作夥伴，與他們聊天並交流體驗各國的風土民情與語言能力，感受不一樣的生活方式，吸收後用自己的方式提升自我，這是我學到最多的。很多人都說不在國內打工，偏偏要到國外，賺不了錢又吃虧，但他們不知道的是「Work and Travel」中包含「Travel」，當然沒辦法以存錢為目的，但計畫的宗旨是希望透過這個計畫體驗人生，在不一樣的地方享受生活，也期望在打工過後的度假可以真正的放鬆自己，讓自己成長，好讓自己可以接受更多挑戰。

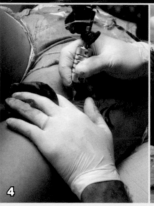

梁筠荏

1. 我在布萊斯峽谷(Bryce Canyon)假扮身後的石柱(Hoodoo)／**2.** 紀念碑谷地(Monument Valley)前露營，整晚沒睡是為了天上那些星星／**3.** 在查塔努加(Chattanooga)的最後一天／**4.** 人生第一個刺青在查塔努加，這是朋友推薦的刺青師／**5.** 攀完身後那座仙女下凡峰(Angel's Landing)，是錫安國家公園(Zion National Park)票選最漂亮的健行路線

我為什麼要到美國打工度假

旅行對我來說是一種生活方式，攝影是我的興趣，它們不應該是等我走到生命盡頭時才能達成的事，也不應該只是被我掛在嘴邊的夢想，憑著這股信念和一點衝動，以及父母不支持的反作用力，我從大一就自己拼命打工存錢，在2010及2011年暑假，連續過了兩個無法言喻的夏天。

一個人半夜在大峽谷(Grand Canyon)探險，曝出這張橘色星軌照的背後有多少故事

1.店裡常常人潮洶湧，忙得不可開交 / 2.工作地方往外看就是這樣的景象，天天都像在度假 / 3.這是我們的員工宿舍，每晚都有這樣的星辰和時時可見的流星 / 4.常常和同事們在員工宿舍旁升營火暢聊或者派對 / 5.員工旅遊，到丹佛看棒球 / 6.員工宿舍旁的小湖，就這樣靜靜地坐著可以坐上好久 / 7.和同事一起在店裡撒野

我的工作內容 ①

　　我在洛磯山脈國家公園紀念品店擔任服務生(Food Server)，每天和同事們一起搭公司車上山，在一個終年積雪美不勝收的天堂工作，調配各式咖啡、做三明治、做熱食賣給客人時，臉上的笑容總是因為好山好水的環境，而自然地流露出來，和客人及同事的互動也令人愉悅。

　　有一次我吃溫蒂漢堡(Wendy's)兒童餐拿到一本笑話集禮物，客人排隊買咖啡時，我輪流念不同的笑話給客人聽，竟然因此得到超多小費，同事還特別派我站在吧檯處，每天工作都這麼開心呢！當然有時候也會遇到種族或是政治地位被歧視的情形，而這對我來說是在文化上、不同的社會形態上又多上了一課。

工作地點(Location)	洛磯山(Rocky Mountains) / 科羅拉多州(Colorado)
公司名稱(Host Company)	Xanterra Parks & Resorts
工作職務(Position)	服務生(Food Server)
平均薪資(Salary)	1小時$8 / 1週工作40小時
住宿(Housing)	雇主提供 / 1週$66.5
住宿到工作距離(Distance)	公司車約40分鐘車程，支薪
必備物品(Necessary) 原因(Why)	**各式藥品**：因為美國的藥品比台灣的昂貴許多。

1.查塔努加(Chattanooga)的夜景 / 2.我的同事在酒吧求婚,我是他們的御用攝影師 / 3.位於Downtown的海生館交通便利,5分鐘就有一班充滿藝術氣息的接駁公車 / 4.田納西海生館外的週末市集 / 5.我工作的其中一個專櫃 / 6.查塔努加(Chattanooga)著名的地下紅寶石瀑布(Ruby Falls) / 7,8.在田納西海生館工作,總是能和好可愛的外國小孩玩耍

我的工作內容 ❷

　　身為田納西海生館(Tennessee Aquarium)的海生館攝影師(Photographer),除了每天幫客人拍照外,還要使用軟體(Photoshop)修圖,並且發揮口才賣給客人,能夠把興趣當工作使我格外珍惜,有時客人流量少,我們還可以免費看海生館裡的秀和Imax電影!這裡是美國南方,我深刻體會南部人的友善,第一次接觸黑人同事,平常一邊上班還一邊學習他們迷人的鄉村Rap口音,還有和白人不同的打招呼方式。還記得我們比賽看誰先找到客人的照片,而我可是有為台灣爭光的成為那裡頗厲害的銷售員,還被主管給了閃電(Flash)的稱號喔!

工作地點(Location)	查塔努加(Chattanooga) / 田納西州(Tennessee)
公司名稱(Host Company)	Showtime Pictures
工作職務(Position)	攝影師(Photographer)
平均薪資(Salary)	1小時$7.5 / 1週工作40小時
住宿(Housing)	自己租房 / 1個月$175
住宿到工作距離(Distance)	騎腳踏車約30分鐘
必備物品(Necessary) 原因(Why)	**各式藥品**:因為美國的藥品比台灣的昂貴許多。

1.身後就是傳說中的龍式峰了 / 2.一個人前往龍式峰(Longs Peak)的路上,因為迷路看到的風景 / 3.終於到了連草都無法生長的海拔,要攀龍式峰前好多人在露營休息 / 4.美國國慶日和同事一起去湖邊看煙火 / 5.週末和同事爬山,好不容易爬山爬到Mills Lake當然要沁涼一下 / 6.好不容易爬到針葉林的海拔之上,欣賞日出

獨自挑戰攻頂

回台後回想整趟旅程,發生的事似乎快塞不下這100天了!那年我不顧所有美國同事的反對,一個人試圖挑戰洛磯山脈的最高峰,那是每年都有人死傷的龍式峰(Longs Peak),我從凌晨3點開始爬,舉頭可見的星斗讓我出奇的平靜,終於趕在日出前爬到針葉林分布區的海拔之上,一人賞玩日出野餐了好一陣,繼續出發。

經歷9小時,當我終於來到鑰匙孔岩(Keyhole)前面那堆像是通往天邊的巨石,疲倦和孤獨絕望感全部襲來,差點就要折返了,一個剛登完峰的人看到我的神情,說:「眼前的路絕對沒有比妳剛走過的難。(It's no any harder than what you have done.)」我這才能看到山巒另一頭令人瞠目稱奇的景,那不僅是風景,也是汗水砌成的感動,14小時內迷過的路、遇過的人和沿途的風景,深刻至今。

1

2

3

1.洛磯山脈裡的Dream Lake ／ 2.別看鑰匙孔岩(Keyhole)好像近在咫尺，眼前這堆岩石讓我攀爬好久 ／ 3.原來從鑰匙孔岩往下望，另一面竟是這般的衛星圖等級美景

1.與同事一同來個中西餐派對 / 2.下班後和同事一起去攀岩 / 3.準備在佛羅里達州(Florida)西嶼(Key West)海外浮潛 / 4.和美國好友一起做杯子蛋糕為朋友慶生 / 5.納瓦伙族印第安(Navajo)族人吹笛歌唱 / 6.參加好友的西洋婚禮,他是新郎 / 7.暢玩環球影城(Universal Studios),在霍格華茲享受奶油啤酒 / 8.我的生死之交之一

那一年我的美國夢

　　當我們身在異地和文化差異大的朋友一起做些生活平常事,因為語言和生活方式的不同而導致這些事的難度提高,讓每件事有一點點不同的滋味,當我們發現這一點點不同之處而去珍惜感動,才造就了不同文化交織成的美麗回憶。無論是在科羅拉多州還是在田納西州,他們都美麗璀璨到改變了我的人生。

洪靜而

1.與好友Kate從澳門出發到達猶他州 / **2.**看看美國獨特的風景──紅石 / **3.**在工作地點合照留影

我為什麼要到美國打工度假

「玩！」聽到這個字誰都會蠢蠢欲動，至少我就是這樣子，可是要我自己獨自去另一個語言、文化、氣候不同的國度玩，原本蠢蠢欲動的心漸漸平靜下來；此時，我的好朋友Kate分享她在美國東岸打工度假的經驗，並決定隔年再一次體驗美國西岸的生活文化和風土人情，在朋友的鼓勵和相伴之下，我就踏上了3個月在美國西岸的打工度假之旅。

工作地點(Location)	布萊斯(Bryce) / 猶他州(Utah)
公司名稱(Host Company)	Ruby's Inn
工作職務(Position)	房務員(Room Attendant)
平均薪資(Salary)	1小時$7.25 / 1週工作40小時
住宿(Housing)	雇主提供 / 1週$31.25
住宿到工作距離(Distance)	On-site工作地點宿舍
必備物品(Necessary)原因(Why)	**係數高的防曬乳、鴨舌帽**：低係數的防曬乳,無法對抗美國的大太陽，容易被曬得紅通通。 **保濕品**：美國空氣十分乾燥，身體易有龜裂的紋，曾經因空氣太乾燥而流鼻血，可在鼻內抹凡士林。

1

2

3

4

1.一行人到雇主(RUBY'S INN)生活3個月的行李,整車塞滿 / 2.因為房間真的太混亂了,大家都前來幫忙 / 3.一位說話有趣同事,他責負收床單,我責負鋪床單,合作無間 / 4.一條毛巾變變變,變成大象 / 5.休假時,與室友一同去國家公園踏青郊遊

我的工作內容

　　我在布萊斯峽谷旁的飯店當房務員,工作是負責把屬於我管理的房間打掃乾淨,每一天都像在體驗刮刮樂和買樂透的樂趣!

　　刮刮樂之樂趣是因為每天的房間號碼都不同,而每打掃完一間都能刮掉一個房間號碼,直到刮到最後一個號碼就是我最開心的時候,代表我結束工作了。有時候,刮刮樂會有一種怎麼刮也看不到底的感覺;有時候,才刮了幾下就刮完。每一天都不知道自己會發到哪一張刮刮樂。

5

　　買樂透之樂趣,是因為每次打開房間都會看到不一樣的房間,有些房間像戰鬥後的混亂;有些房間像派對後的凌亂;有些房間像沒人使用的整潔,每次要打開房門的那一刻都會期待門後的景象會是什麼?如果你喜歡每天早上都有意想不到的景象,那麼房務員的工作絕對能讓你百之百感受到此感受!

　　另外,客人給的小費也層出不窮,我曾收過寫上祝福的鈔票及日本人的糖果等。

1.與很會扭動身體跳舞的土耳其朋友合照 / 2.看到彩虹出現,就興高采烈的4位女孩 / 3.朋友工作時,前來探班外加一起玩鬧一番 /
4.泰國朋友親自下廚的泰國食物,好辣呀 / 5.休假時和同事一同去布萊斯峽谷峽谷(Bryce Canyon)探險 / 6.探班不忘拍照留念一下

草原歡樂慶生會

　　我記得在某天打掃房間時,看到一大群人在草原
上快樂地慶祝生日!愉快的氣氛也感染了我,讓我
快樂地工作,而我也走上前去祝福壽星,結束工作
後,有同事需要支援,我便急速前去幫助他。

　　我到達他正整理的房間,我的眼睛、鼻孔和嘴巴
不自覺地變大了!因為這房間是戰鬥和派對後相加
的混亂,外加一股濃濃的食物味。桌上全都是奶
油、地上全都是喝過的飲料、床上有許多吃剩食
物、而沿途有一大堆冰塊。當時心中說我的同事中
了大樂透!我正在思考這房間發生了什麼事情?原
來這房間就是早上在草園慶生主角的房間,難怪房
間會如此。

1.最後離開的大夥一同合照 / **2.**與友善的歐洲朋友合照 / **3.**大家依依不捨與來自泰國朋友最後的大合照

那一年我的美國夢

　　到美國打工最大的收穫就是認識了不同國家的朋友。以為只會認識美國人，但在緣分之下也認識來自泰國、越南、土耳其、峇里島、台灣、中國的朋友。除了可以學習英文外，每個地方的語言我都學了幾句。有時候不同國家的朋友會互相分享飲食文化，當中我最喜歡泰國的甜蛋！如果我再繼續讀書，會再一次參加美國打工度假！

　　在這短短3個月的異國生活，讓我認識到許多新朋友、體驗不同文化，我想再一次體驗美國生活、文化、風景！而這趟美國打工之旅已成為我人生中重要的經驗之一！

楊師睿

1.參訪美國總統喬治布希(George Bush)博物館，與銅像歡樂合照 / 2,3.北康威有種令人說不上的魔力 / 4.我所工作的北康威(North Conway)小鎮 / 5.除了濃厚小鎮味，自然景觀也令人嚮往

我為什麼要到美國打工度假

自從大三那年去美國當交換學生回來後，三不五時就會回想起在美國的生活，可以練習英文又可以到處旅遊交朋友，所以趁著大四畢業前，還是在學學生的身分時，利用暑假期間，再次前往美國冒險！

工作地點(Location)	北康威(North Conway) / 新罕布夏州(New Hampshire)
公司名稱(Host Company)	Hampton Inn & Suites
工作職務(Position)	房務員(Room Attendant)
平均薪資(Salary)	1小時$8.5 / 1週工作約35小時
住宿(Housing)	自行尋找 / 1週$85
住宿到工作距離(Distance)	騎腳踏車約15分鐘
必備物品(Necessary)原因(Why)	**防曬物品**：當地太陽非常強烈，很怕曬黑的女生建議多帶。

溫暖的家與房東

有客廳、廚房和無線網路的家

1.我和大陸學生在清洗餐椅 / 2.人很好的經理幫員工慶生 / 3.經理請我們吃美國經典食物 / 4,5.經理很大方時常請我們吃飯 / 6.飯店員工在洗床單及毛巾

我的工作內容

每天需要9點之前抵達飯店，開始準備補齊工作要使用的貨品，像是毛巾、肥皂、牙刷、塑膠袋等，這些東西都會放在一台大型推車上面，掃到哪裡就推到哪裡，大家一定會想，是不是一個人要打掃完一個房間？其實剛開始的時候都是兩個人一起打掃房間，因為新人的關係，所以需要更多時間訓練速度，差不多在3～4個禮拜後會是變成一個人開始打掃一間。工作內容包含洗廁所、鋪床、吸地板以及把所有垃圾收走等，這都是基本工作，但是不要以為隨便打掃就好，因為當你掃完兩三間之後，主管就會一間一間仔細檢查，所以一定要好好打掃。

1.親切可愛的房東 / 2.房東與國際學生的聚會 / 3.國慶日當天與同事出遊拍照留念

比看看誰的小費拿最多

　　在美國工作時，每天都會在期待小費的到臨，每開一間房間會有多少小費呢？大家都在比賽看誰當天拿到最多的小費，甚至會猜這個客人離開會給多少小費呢？但是答案常常都出乎意料，有時候對你不錯的房客，你會感覺應該會給很多，結果常常連1元都沒有，但有時候一些看起來不是很親切的房客，居然會大手筆地給你超過20元的小費，真是會喜出望外的開心一整天，然後馬上跟同事分享！說真的，小費拿得好的話，每天吃飯錢真的可以不用花到工資，靠小費就可以過得很好！

1.員工海邊旅遊 / 2.開心豐盛的咖哩飯 / 3.北康威小鎮知名的美式早餐店 / 4,5.國際學生的派對

那一年我的美國夢

　　在沒有做過這樣的工作之前，最多也只是房客的身分，沒想到這次居然變成房務人員要打掃每個房間，不只訓練一身好技能，更可以讓自己變得更獨立。除此之外，可以結交到一些只有在地理課本上出現的國家的朋友，更是非常的特別，像是塞爾維亞、摩爾多瓦……等，大家互相介紹自己的國家文化，搞不好真的有一天可以到該國旅遊也說不定。

　　這次的經驗可以說是我人生當中非常寶貴的回憶，假如還有機會的話，我願意再次去美國享受這不一樣的人生體驗。

張季庭

1.最重要的交通工具腳踏車 / 2,3.Wisconsin Dells，以及當地所保留的自然景觀 / 4.在游泳池內欣賞池外的湖色光景 / 5.Wilderness On the Lake的室外泳池

我為什麼要到美國打工度假

高中的時候去過美國東岸一次，一直都很想再找機會去其他州體驗看看，畢竟大家說美國的每一個州都像一個不同的國家。剛好朋友提到這個計畫，感覺滿有意思的，問我想不想一起去，再加上父母親很支持，覺得出去體驗看看不僅僅是花錢當大爺的旅遊、磨鍊磨鍊也很不錯，所以行囊款款就決定參加囉！

工作地點(Location)	威斯康辛德爾斯(Wisconsin Dells) / 威斯康辛州(Wisconsin)
公司名稱(Host Company)	Wilderness Territory
工作職務(Position)	房務員(Room Attendant)
平均薪資(Salary)	1小時$8 / 1週工作40小時
住宿(Housing)	自行尋找 / 1週$70
住宿到工作距離(Distance)	房東交通車，一趟$1
必備物品(Necessary) 原因(Why)	**太陽眼鏡**：這裡太陽很大很亮，走路或騎車都超需要。 **可以微波的碗**：要煮泡麵或微波東西的話非常好用。 **腳踏車鎖**：這裡買得到，不過先買好比較方便。

1.一車一車的床單和毛巾／2.部分國際學生的最後一天，大家都好捨不得／3.庭院派對(Yard Party)／4.每天的工作進度表／5.房間陽台的按摩浴缸

我的工作內容

　　主要的工作內容就是客房服務，像是送毛巾、換垃圾和清潔房間，因為下午房客就要入住，所以中午沒有辦法吃午餐。雖然一整天下來很辛苦，但是在工作的過程中可以和房客、同事聊天開玩笑，一整天的辛苦似乎被這些有趣的互動沖淡了不少。

　　工作的時候是小組制，只要有人工作結束就會互相幫忙，大家的感情也越來越好，一開始會因為做事習慣不同而和同事有些爭執，但兩個月的相處下來，大家的感情也都像家人，有時房間數沒那麼多時，我們會偷偷在房間休息一下或吃東西，因為是公寓式的房型，所以有一個設備完善

的廚房，房客常常會帶東西來煮，吃不完的就會留下來，每天在廚房幾乎都會撿到為數不少的東西，如果撿到冰淇淋的話，大家就會停下手邊工作一起吃，吃完再開始，有時候工作不趕的話，我們也會偷偷烤比薩，除了食物外，撿到洗髮精等也是家常便飯，在美國的兩個月，幾乎都沒有花錢在買生活用品。

　　在德爾斯工作的人，都可以用15美元申請一張娛樂卡，裡面有非常多打折的商家，最棒的是有許多的遊樂園、景點或活動都可以免費入場或參加一次。沒工作的時候我們也不會閒著，因為太多好玩的地方啦！

1.挑選腳踏車也是門學問 / 2.Wilderness On the Lake / 3.這裡的樹長得比我房間還整齊 / 4.最重要的交通工具腳踏車 / 5.腳踏車要鎖好 / 6.與每日為伍的夥伴──腳踏車合照

誤買贓車奇遇記

剛到德爾斯的時候，最迫切的就是要買一台腳踏車代步，因為不想買太貴的，像是沃瑪特(Wal-mart)全新的要88美元，所以我們打算買40～50美元的二手腳踏車。

一點頭緒都沒有的我們，只好沿路問路人哪裡有賣二手的腳踏車，後來問到一個在肯德基打工的國際學生說，他有一個朋友在一家汽車旅館裡賣腳踏車，在烈日下走了很久後，終於找到那個賣腳踏車的人，一塊空地上放了許多腳踏車，跟他說明我們的目的後，他就開始準備要把腳踏車支解，我們說我們直接買這幾台就好，但是他說不行，也不告訴我們原因，聊天的時候都故意逃避問題，頻頻詢問我們是大學生嗎？主修什麼……等問題含糊的帶過，直到我們拿起相機拍照，他開始有點緊張，不過買到腳踏車後，我們也沒想那麼多。

後來因為腳踏車的輪胎出了點問題，我們回去找他修理，翻遍整個旅館都找不到那個賣腳踏車給我們的人，經過大家推敲腳踏車男子的奇怪行徑後，得到一個結論就是，我們買到的腳踏車應該是贓車。整個買腳踏車的過程就好像玩角色扮演(RPG)一樣，實在讓我們哭笑不得。

1.從住處看出去的風景，每天早上都有個心曠神怡的開始／2.房間／3.每天打卡上下班的地方／4.簡陋的辦公室／5.和房東買鐵板來煎東西，出來在外人人都是小當家／6.最後一天的工作進度表，心情既高興又捨不得／7.上班有醜醜制服，下班當然要穿美美去海邊玩耍一下

那一年我的美國夢

好險2012年夏天我來到了，這個跟十個台灣人講，十個都不知道的小鎮。這裡白天太陽很毒辣、晚上又冷到要蓋毛毯；沒有大眾運輸、路又超崎嶇，騎車像重訓一樣，一開始真的好討厭這裡。

漸漸的，這個小鎮用它質樸簡單、單純熱情征服了我，我開始會在日落的時候停下腳步凝望夕陽、在清晨的時候享受冷冽的空氣，在每一個滑水道放聲尖叫，享受著每天去逛超市找便宜，然後再慢慢散步回家的日子。有一天晚上，我從超市買完東西要走回家，走著走著，忽然抬頭一看，滿滿的星星，多得好誇張，多到我以為我在拍電影了，北斗七星離我好近好近，近到似乎伸手就可以碰到，那一晚，我對自己承諾，有一天一定要回來這裡。

楊昌憲

1.年輕善良卻很有原則的主管 / 2.經過將近一天一夜後，千辛萬苦抵達了工作地點 / 3.店內的遊樂設施 / 4.哈囉，總統先生(Hello,Mr. President) / 5.真的很像作夢一樣，我真的去拜訪過自由女神了

我為什麼要到美國打工度假

為了增加自己的優勢，讓大學生活更加精采，加上身為空服員的二姐在大三暑假曾參加美國打工旅遊，這項經歷讓她在困難重重的空姐面試中脫穎而出，因此非常鼓勵我去美國打工旅行。

我選擇的工作是位於較為鄉下的密西西比州的麥當勞集團，從小到大常聽人們說美國鄉下去趟超市都要許久的車程，每戶人家相隔距離很遠，加上在台灣都習慣於都市的生活，所以想利用美國打工旅遊的機會，體驗想像中的美國鄉村生活。

工作地點(Location)	格爾夫波特(Gulfport) / 密西西比州(Mississippi)
公司名稱(Host Company)	麥當勞集團(McDonald's - Five D)
工作職務(Position)	煎檯(Grill)
平均薪資(Salary)	1小時$8 / 1週工作約35小時
住宿(Housing)	雇主提供 / 1週$100
住宿到工作距離(Distance)	視分發店家而定(2～10公里)
必備物品(Necessary) 原因(Why)	泳裝：靠海所以假日可去海邊玩，泳裝在當地可能較難買到合適尺寸。 防蚊液：自己帶去的防蚊液特別有效，當地防蚊液不知道是蚊子的抗藥性還是其他原因，效果較不佳。

1.工作地點(麥當勞) / 2.放假一定要到暢貨中心(Outlet)逛逛 / 3.國際學生員工旅遊紐奧良合影 / 4.適合求婚的超美教堂 / 5.充滿歡樂的迪士尼樂園當然不容錯過 / 6.自己下廚是種樂趣也是節省經費的好方法 / 7.路上表演的街頭藝人團

我的工作內容

　　在我居住的小城市：格爾夫波特(Gulfport)，當地麥當勞集團(McDonald's-Five D)約有10間店，每個人都會依照不同報到抵達時間，分發到每間急需人手的店內，我很「幸運」的被分發到最為忙碌的一家分店，當地員工所稱的魔鬼店，在店中我又被分配到常會汗如雨下的煎檯崗位上，主要工作內容就是煎漢堡與炸雞塊，一旦別的崗位需要幫忙時，隨時都要過去支援。

　　店裡有個很特別的遊樂間，提供了投籃機及遊樂器，假日還會舉辦跟小朋友互動的活動，這也是個另類學習英文的好機會，雖然工作艱辛，卻可以學到許多寶貴工作經驗，讓我的暑假變得很不一樣。

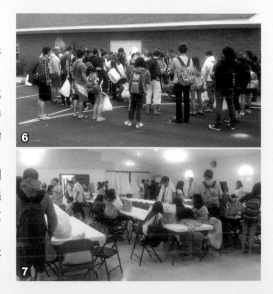

1.身為台灣人一定要到巴爾的摩替台灣之光陳偉殷加油 / 2.一早起床發現外國朋友,在我的早餐上用果醬寫了我的英文名字(David) / 3.浩浩蕩蕩出遊去 / 4.感謝美國國鐵人員,指引我們正確的方向才沒錯過陳偉殷的比賽 / 5.特地攜帶中華民國國旗,讓世界看到台灣 6.抵達避難所集合 / 7.臨時充當避難所的教堂

放颱風假的代價

某次同事緊張的說:「下禮拜有個大颱風來襲,所以不用上班」,原以為只是個玩笑,直到店經理說:「上次卡崔納來襲,把這個小城市大部分的建築物都給摧毀了。」經過那次經驗,他們對於這次的避難特別重視,颱風來襲的前幾天,當地居民和我們就開始撤離。

而我們國際員工坐著3台雇主派來的巴士,撤離到某間臨時成為避難所的教堂,很幸運的是後來這個颱風沒有造成什麼大災害。回去上班後,店內特別忙碌,整天沒有人有停下來過,好幾個訂單一次就點了快一百個漢堡,我想那天煎的肉疊起來應該是我的好幾倍高吧!下班後真的是累癱了。

1.大峽谷內的印第安人傳統舞 / **2.**從帝國大廈鳥瞰紐約景色 / **3.**在大峽谷內體驗坐直升機(我的機師是那天唯一的女性機師) / **4.**非常遼闊壯觀的大峽谷(自然奇景老鷹與在翅膀上的哈巴狗) / **5.**金碧輝煌,有如黃金打造的拉斯維加斯 / **6.**聯合國裡沒有中華民國國旗有點感傷 / **7.**第一次親眼見到印第安人

那一年我的美國夢

　　真的很鼓勵大家把握大學時期增廣見聞,多出國走走看看,而美國打工旅遊就是一個很不錯的管道!雖然當時因為沒有獨自出國旅遊的經驗而害怕,更何況是去美國工作,在申請時發現有不少手續與步驟要處理,覺得相當麻煩與複雜,常有乾脆明年再來的念頭,但我告訴自己:「有些事現在不做就再也不會去做了。」

　　美國打工帶給我的成長不只是文字足以描述的,不管是計畫整個行程所帶給你的規畫性、在國外生活工作的獨立性、美語聽與說的實質進步、與外國朋友人際關係的相處、拓展人脈、愛國情操等等,這些都是未來無比寶貴的經驗和回憶。最後分享給大家一句廣告詞:「有些事不做不會怎樣,但做了會很不一樣!」,把握光陰,讓我們向未來一起飛翔。

Work
for
Experience

Travel
for
Pleasure

USA
Let's Go!

Work and Travel in *USA*

生活實用篇

生活中會遇見的大小事

來到美國生活，生活習慣和台灣有什麼不同？面對物價消費極高的美國，該如何省錢撿便宜呢？不論是購物、尋找美食等，凡與生活息息相關的疑難雜症，本篇將一一為你解答。

省錢料理自己做

在美國工作期間讓我成長最多的非屬廚藝不可！因為平日工作鮮少機會去餐廳覓食，每天吃著各式各樣的微波食品便開始懷念家鄉味，滿腦子的台灣小吃，開始上網搜尋簡易料理，不但滿足口腹之欲，還大大節省了荷包！

豐富的元氣早餐
Work and Travel in USA

在美國沒有賣燒餅油條的永和豆漿，也沒有賣蛋餅三明治的早餐美而美，如果去餐廳買三明治價格又昂貴，所以在工作期間，可自己做簡易早餐，平均一餐只要2元！

法式焦糖蘋果塔

將蘋果橫切成片，放入奶油煎至金黃，配上煎過的吐司塊，灑上糖粉。

法式香蕉吐司

吐司沾蛋液，加點糖或香蕉。

■牛奶

美國牛奶真的比水還便宜，在大賣場（Walmart）裡面有各種牛奶任你挑選，特別的是連鮮奶都有脫脂、低脂1％、2％及全脂牛奶選擇，建議購買餐廳常用的2％低脂牛奶，一加侖的鮮奶約莫4.5公升2元左右，可喝一個禮拜以上！

牛奶　　　　　　　　　　　　　豆漿(Soymilk)

■果醬

吐司搭配果醬，實在美味！搭配花生或巧克力醬等喜愛的果醬，早餐就大功告成！

連美國人都愛不釋手的Cream　　這款巧克力醬又香又濃，
Cheese　　　　　　　　　　　超級好吃的

旅行 小 祕 方

省錢小撇步

許多餐廳與速食店都有附果醬，可以多要幾個，變換不同口味，還省一筆果醬的支出！

生活實用篇

■吐司

吐司是懶人早餐必備的祕密武器，可以選擇你喜歡的果醬，或是配上火腿、培根、蛋等喜歡的配料，就可以擁有獨一無二，豐富又便宜的早餐唷！在大賣場不只有白吐司、鹹吐司等多種口味可以選擇，平均一條2～5元不等。

即期區的吐司，整條不到1元

加入冰淇淋、水果等，一道完美甜點就完成了

最對味的家鄉味
Work and Travel in USA

懷念家鄉味，可以到華人超市去購買中式料理的食材，自己動手做蛋炒飯；若是沒有華人超市，也可以到大賣場買麵條與喜好的醬汁，輕輕鬆鬆一道義大利麵便完成了！下一頁附上幾個簡易食譜，人人都可以成爲大廚師！

過來人提醒　想吃Q軟的白飯怎麼辦？

可從台灣帶約1～2人份的小電鍋，網拍購買1,000元有找，若沒有電鍋也可準備2個鍋子，小鍋洗好的米與水，放入裝滿半鍋水的大鍋子內，蓋上蓋子隔水加熱，約半小時熱騰騰的白飯就完成囉！

1.華人超市裡有許多亞洲食物／2.趕時間的話，只要將煮好麵條拌上維力炸醬，輕輕鬆鬆就完成一道晚餐／3.放入雞湯塊與雞肉等熬湯，就完成火鍋湯底，可放入任何你想吃的食材煮火鍋／4.沙茶和肉燥醬是必帶的煮飯祕器／5,6.在美國生活是展現廚藝的大好機會

布朗尼

一盒布朗尼粉(有原味、黑巧克力、牛奶、核果等多種選擇)約1.5美元，作法簡單分量又多，除了早餐可以食用外，還可以當飯後甜點！

必備材料

油1/2杯、水1/4杯、雞蛋1～3顆(可加或不加)、核果(依個人喜好)

我的做法

1 將布朗尼粉與上述材料攪拌至有點稠感

2 將攪拌完成的布朗尼倒入塗抹過油的烤盤

3 放至烤箱約350度烤30分鐘，就大功告成了

蛋炒飯

若是要開異國派對，交換各國拿手菜，蛋炒飯是簡單又美味，而且大獲好評的家鄉料理！

必備材料

雞蛋、鹽或醬油、食材(等依個人喜好)

我的做法

1 於鍋中加入少許油

2 將食材(火腿、雞肉、青菜等)入鍋炒，可加入鹽或醬油調味

3 將蛋打入先炒(可加少許蔥)

4 倒入隔夜飯拌炒，若想飯粒呈金黃色可選擇醬油

蔥花蛋

想與朋友分享台灣美食，會的拿手好菜食材又不知道該去哪裡買？快跟著步驟一起製作這道簡單又好吃的台灣蔥花蛋！

必備材料

雞蛋、蔥、鹽或醬油

我的做法

1 將雞蛋攪拌均勻

2 加入少許鹽或醬油(依個人喜好，建議加入醬油，顏色較深)

3 於鍋中加入少許油，倒入攪拌均勻的蛋花

4 將兩面煎黃，就大功告成了

親子丼

食材準備容易，做法簡單，好吃又美味的一道亞洲料理。

必備材料

洋蔥、雞肉、雞蛋

我的做法

1 切好洋蔥入鍋爆香

2 依個人喜好放入配料(胡蘿蔔、玉米等)

3 加入醬油、水、鹽、糖少許煮，濃淡可依個人品嘗斟酌，或直接放入雞湯塊

4 燉煮後，雞肉熟了就可上桌

家鄉滷汁

必備材料

蔥、薑、米酒、醬油、冰糖(甘蔗或一般糖均可)、可樂、香油、胡椒粉,可依個人喜好加入豆干、肉、滷蛋等

我的做法

1 加入油後,將肉放入拌炒,將肉的水分炒乾

2 若滷約2斤肉,加水到滷鍋中與肉齊高,並加入必備醃料

3 將蔥切長條狀,拍扁丟入鍋中

4 加蓋後,以中火煮開即可

洋蔥炒牛肉

必備材料

米粉、豬肉、蒜頭、醬油、沙茶醬、糖、鹽少許

我的做法

1 將牛肉切好,加入香油一小匙(也可不加),鹽與胡椒粉少許醃漬15分鐘

2 將步驟1的牛肉片放入熱油鍋,過油撈起備用

3 切好洋蔥入鍋爆香後,加入沙茶醬

4 加入步驟2牛肉,及依個人喜好加入調味料翻炒即可

沙茶拌米粉

必備材料

洋蔥、肉、胡蘿蔔、蒜頭、沙茶醬、胡椒粉、鹽少許

我的做法

1 將豬肉(各種肉類均可)切絲洗淨,瀝乾水分後加入香油一小匙(也可不加),醬油、鹽與胡椒粉少許醃漬15分鐘

2 米粉放入熱水汆燙約1分鐘後撈起,放入碗中加蓋繼續燜透

3 切好胡蘿蔔絲或高麗菜絲等汆燙至熟後,撈起備用

4 加沙茶醬,並將步驟1.2.3加入拌炒,再依個人喜好加入原味料翻炒即可

無敵維力炸醬麵

必備材料

維力炸醬、麵條、胡蘿蔔絲

我的做法

1 將水煮沸後,加入麵條煮熟

2 將胡蘿蔔切絲,可炒至熟透

3 將麵撈起,依個人口味加入維力炸醬

4 將步驟2.3攪拌均可食用,可自行加入各配料,如肉絲、碗豆等

各種食譜這裡找

不論是中式、西式、日式料理,點心、湯、主食與開胃菜等,均可在下列食譜網搜尋的到。

食譜大全:food.tank.tw
楊桃美食網:www.ytower.com.tw
MASA的料理ABC:www.masa.tw

微波食品

Work and Travel in USA

在美國生活處處可見微波食品,美國居民更是人人家中都有一台微波爐!使用微波爐有哪些注意事項呢?有哪些食材是不可以放入微波爐加熱的?

■ 常見的微波食品

說到美國人喜愛的食物,莫過於微波食品,不僅快速、方便、種類繁多,想要吃的應有盡有。想到肉類,不論是要雞塊(Chicken Nuggets)、炸魚(Fish Sticks)、炸蝦(Butterfly Shrimp)還是魚排(Fillets);或是不可或缺的蔬菜類:玉米(Corn)、豆子(Peas)、花椰菜(Broccoli Florets)、蘑菇(Mushrooms),就連小朋友最愛的點心:蘋果派(Apple Pie)、瑪芬(Muffin)、炸薯條(Fries);還有方便美味的披薩(Pizza)、義大利麵(Pasta)等,通通都可以買到。省去繁瑣的烹煮過程,只要一個按鈕,5分鐘後,美味佳餚即可上桌!

在美國有各式各樣的微波食品,若沒有時間煮晚餐,或想偷懶的時候,微波食品都可以輕鬆填飽五臟廟。但還是有微波地雷區,證實不是每一個微波食品都美味!想購買微波食品可參考Tyson的雞翅、T.G.I Friday的義大利麵、Pillsbury Grands的比斯吉。

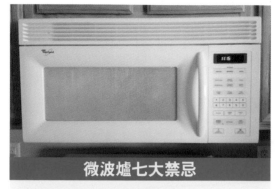

微波爐七大禁忌

1. 微波爐內沒有任何食物時切勿加熱

2. 切勿加熱密閉容器,避免爆炸,如罐頭

3. 使用保鮮膜或加蓋加熱時,需預留通氣孔小心掀開,以免蒸氣灼傷

4. 非耐熱120℃以上的塑膠容器不可加熱,需留透氣孔才可整個放入

5. 若加熱蛋類,需先將蛋殼去除,在蛋黃上戳洞

6. 切勿使用塑膠、金屬、玻璃器具,避免過熱而發生起火現象(包含帶金邊、銀邊的器具,錫箔、鋁箔紙的包裝、不鏽鋼器具等均不可放入微波爐)

7. 若微波爐不慎起火,應先拔掉插頭,切勿立刻打開

若是懷念亞州食物,可去華人超市購買微波食品

旅行小祕方

1元專區

在大賣場的冷凍食品區,有一區是一盒只要1元的微波食品,不論飯、麵、比薩等各種種類都有,建議想要嘗試微波食品的同學,可以買來試試看!

購物省錢6大祕技

想去遊樂園卻不知道哪裡可以買優惠票？想要購物卻不知道有哪些地方可以去？百貨公司和暢貨中心哪裡不一樣？究竟在美國有哪些必買品牌與必逛網站，本篇將詳細一一說明。

好康1
折價券(Coupon)
Work and Travel in USA

在美國使用Coupon是家常便飯，像是大學附近的報章雜誌、廣告傳單等，時常附有餐廳或是日常用品的Coupon券；去大賣場消費時，可以注意架上標示的促銷活動，最常搞混的就是買一送一（Buy one get one free），和第二件半價（Buy one get one 50%），兩者可是大大不相同！在賣場或是暢貨中心（Outlet）結帳時，可看收據下面或背面，常有品牌一起聯合促銷，或是品牌回饋金等資訊，可不要當廢紙給丟掉了！並要注意Coupon使用期限，及券上的小字說明要看清楚，還要記住一般Coupon是不能複印的！

Coupon種類眾多，除了一般購物折價外，還有很多不同類型的Coupon可幫你省荷包，例如：租車與訂房前，可以上網搜尋免費升級的Coupon；上網購物有促銷商品或免運費的Coupon，或是其他額外贈品與折扣等各行各業，應有盡有！

總而言之，在美國消費前一定要先上網搜尋Coupon免得錯失折扣機會！

收據下面會有優惠

Coupon順口溜

國定假日必優惠，
速食店的街道邊，
購物得要上網先，
報紙常有Coupon券。

nice!

旅行 小 祕 方

上網註冊，Coupon送到府

除了大學附近的廣告桶、Sunday Paper的傳單外，還可以到Valpak上網註冊美國現居地址，這樣家裡附近的商家一有優惠，就會寄Coupon傳單到你家！網址：www.valpak.com

Coupon網站這裡查

Retailmenot、Freebieeeasy這兩個是我最愛的兩個Coupon網站，內含許多知名品牌！

Retailmenot
網址：www.retailmenot.com

Freebieeeasy
網址：freebieeeasy.blogspot.tw

Coupon.com
網址：www.coupons.com

Smartsource
網址：coupons.smartsource.com

Redplum
網址：www.redplum.com

Readyseteat
網址：www.readyseteat.com

■國定假日必優惠

國定假日一定會有優惠，像是美國國慶日7月4日、勞工節等，有許多品牌和店家，都會在這天推出特價活動或是限時促銷，就算不能出門購物的你，也要上網逛逛自己喜歡的品牌，一定會大有所獲喔！

■速食店的街道邊

假如要去JACK IN THE BOX、KFC、BURGER KING、McDonald's等速食店吃飯，可以先到附近的街道走走，常常會有員工在街上發Coupon券，如餐點買一送一或買餐送漢堡等優惠。

■購物前先上網

美國Coupon種類相當多，連上網購物都有Coupon可以使用；建議在購物前可以先上Coupon網站搜尋相關折價，可以替荷包省不少錢！記得我在美國買耳機時，因為有事先搜尋Coupon券，可是足足打了6折，省了台幣2千多元喔！

購物前可至服務台詢問Coupon

■報紙Coupon券隨手得

美國的報紙和台灣不同，沒有完整的一版刊登廣告，而是在報紙中夾雜許多廣告傳單，傳單上常附Coupon券，舉凡生活用品、餐廳等應有盡有，尤其是星期天的報紙（Sunday Paper），傳單總是厚厚一疊！

好康2
樂園優惠套票
Work and Travel in USA

■學校售票亭

美國大學均設有學生售票亭，不需學生證也可購買，除了知名樂園迪士尼、環球影城、樂高樂園外，還有許多藝術館與博物館的優惠票券。

UCLA：www.tickets.ucla.edu
USC：www.usc.edu/bus-affairs/ticketoffice

■線上購票

不能親自到大學購票，也可上網購買優惠折扣，購買前可至各樂園官網查詢門票價錢，部分樂園有推出即時線上特惠，比一般折扣網站還划算，購買前可先上網比價。

線上購票看這裡

好市多(Costco)
網址：www.costco.com
在網址輸入「Ticket」，點選你要的樂園即可購買

Tix2fun
網址：www.tix2fun.com

Mousesavers
網址：www.mousesavers.com

MouseSAVERS.com®
Great deals on all things Disney!

旅行 小 祕 方

加入會員可買優惠券

只要加入暢貨中心(Outlet)會員，就可購買優惠票卷，如要購買環球影城，只要點選「VIP HOME」→加州暢貨中心(CA)→選「Universal Studio Hollywood」即可。

網址：www.premiumoutlets.com/vip/vipLounge.asp

生活實用篇

好康③
暢貨中心撿便宜
Work and Travel in USA

　　暢貨中心是美國購物必去的聖地之一，舉凡衣服、包包、鞋子、香水等許多知名品牌，如Coach、Guess、BCBG、CK均可在暢貨中心找到，若是週末或節慶時間來，還可有意想不到的折扣，詳細資訊可上各暢貨中心網站與APP查詢。

■OUTLET必買品牌

品牌	備註
COACH	包款約台灣半價，時常有7折優惠
NINE WEST	鞋子和包包約台灣半價
CALVIN KLEIN	皮夾、包包和衣服都相當便宜
Levi's	牛仔褲一件1,000元有找
BCBG Max Azria	洋裝是台灣3折左右
SWAROVSKI	喜歡飾品的必買品牌，尤其是水晶
Tommy Hilfiger	台灣襯衫價錢可以在美國買件外套
Samsonite	美國必買行李箱之一
Fossil	手表和皮夾
Guess	包包、外套、鞋子都超便宜
Gap	必買國民品牌，帽T和T-shirt
其他服飾品牌	DKNY、Ralph Lauren BANANA REPUBLIC

■購物實用APP

推薦APP	說明
	mallmaps `iPhone` 內含購物中心位置、商場地圖、商店電話，遊美購物必備
	Outlet malls `iPhone` `Android` 內含美國各州暢貨中心地址、電話與優惠情報
OUTLETS MAP	**Outlet Map** `iPhone` 立刻搜尋離你最近的暢貨中心，內含詳細相關資訊
	TangerOutlets `iPhone` `Android` 知名暢貨中心(Tanger)除有地址等資料外，還有各品牌優惠與會員活動資訊

旅行小祕方

節日週末折扣更多

　　在節日附近的週末，通常都會有折扣下殺。還有許多品牌，詳細可登錄網站和APP查詢。

美國國慶日	7月4日
秋季返校潮	8月1～5日
勞動節	9月第一週一
哥倫布紀念日	10月第二個週一
萬聖節	10月31日

1.購物前可先在地圖上搜尋購買品牌／**2.**暢貨中心內的販賣機相當齊全，有提供飲料、餅乾，甚至還有冰淇淋／**3.**暢貨中心品牌眾多，整天挖寶挖不完呢／**4.**逛累了，隨時可在休憩區休息／**5.**有任何問題可至服務中心詢問／**6.**時常下殺折扣的Coach，必買品牌之一

好康4 百貨公司挖寶趣

Work and Travel in USA

美國百貨公司多半集結成群，知名百貨梅西（MACY'S）、諾思通（NORDSTROM）是常見百貨之一，若是想購買奢侈品可以到內曼馬庫斯（Neiman Marcus）和薩克斯第五大道（Saks Fifth Avenue）百貨購買。

若是荷包有限，可以購買平價品牌H&M、GAP、Forever 21等，舉凡飾品、包包、服飾等應有盡有，價格便宜是挖寶的好去處。

美國時下年輕人最愛品牌之一：H&M、Toms Shoes

旅行小祕方

促銷與退換貨

星期四晚上去百貨公司常有意外折扣，因為商家要準備新品應付週末人潮，若是怕假日人潮眾多，不想人擠人，可以先把喜歡的衣服通通買回家試穿，只要標籤沒剪掉，攜帶收據就可以回該品牌任一據點退換。

好康5 大賣場應有盡有

Work and Travel in USA

美國有許多大賣場，販售各式各樣的生活用品與食物，若是無特別偏好的品牌，可以買該賣場自家產品，價格相當優惠，如沃爾瑪（Walmart）自有品牌是Great Value，好市多（Costco）自有品牌是KIRKLAND。

1.ROSS是品牌折扣集散地，需花時間慢慢搜尋／**2.**TARGET／**3.**日本超市有許多亞洲食物／**4.**華人超市收銀員有許多會說中文／**5.**大賣場星巴克瓶裝超便宜／**6.**Equate是Walmart自有品牌

過來人提醒 ｜ 自行結帳更快速

若是不想排隊等結帳，可使用快速結帳通道，自行結帳。

好康6
線上購物好去處
Work and Travel in USA

若是工作地點較為偏遠，或是沒有時間出門採買，只要有電腦就可以在家購物，美國線上購物相當普遍。

電子產品可上Best Buy購買

線上購物看這裡

www.amazon.com：美國最大購物網站亞馬遜，想購買到的用品都可以找到

www.radioshack.com、**www.bestbuy.com**：想購買電子產品可至這兩個網站

www.urbanoutfitters.com：眾多知名品牌，特價品超便宜

最多人購買的服飾品牌：

Abercrombie & Fitch
網址：www.abercrombie.com

Hollisterco
網址：www.hollisterco.com

Gillyhicks
網址：www.gillyhicks.com

購買化妝品可至以下網站：

www.sephora.com：美國最大連鎖美妝網，滿50元免運費，還有送許多贈品

www.eyeslipsface.com：必買刷具，便宜好用

過來人提醒 | 美國購物5州免稅！

美國美國萬萬稅，所以在美國購物不但不能退稅，除購買金額外，還要再加當地的消費稅，才是總金額，由於消費稅各州不一，所以購物前應注意。

目前美國購物免稅有5個州：阿拉斯加州(Alaska)、德拉瓦州(Delaware)、蒙大拿州(Montana)、新罕布夏州(New Hampshire)、俄勒岡州(Oregon)，若是經過這5州，絕對要好好大肆採購；其他州的同學，可上網查詢各州免稅日。網址：www.taxadmin.org/fta/rate/sales_holiday.html

一定要在折扣滿天飛的美國大買特買

必買伴手禮

前往美國打工度假，想挑選紀念品送給親朋好友，或是替自己選購具象徵性的商品，收藏在美國的回憶，都是買伴手禮的最佳原因，而寫著「Gift Shop」的商店都是購買紀念品的好去處。

印第安飾品

Work and Travel in USA

一般所指的美洲原住民，絕大多數為印第安人，剩下的則指北美洲的愛斯基摩人，在美國各州有許多原住民紀念商店，可以購買原住民CD、手鍊、項鍊、耳環等飾品，或具象徵意義的圖騰柱，原住民娃娃等紀念品。

原住民娃娃　印第安特色鑰匙圈　印第安手作耳環

印第安手作手鍊　　　印第安手作項鍊

捕夢網(Dream Catcher)

美洲原住民每戶人家均有的捕夢網源自於18世紀，一般傳統的捕夢網是由柳枝編成圈並由皮革包住，圓圈一端會懸掛羽毛，並用線與彩珠在圈中繞成網，傳說中只要將捕夢網掛至床頭或窗戶旁，惡夢會被困在網中，好夢則由羽毛順流至夢境中。

著名大學周邊商品

Work and Travel in USA

從東岸的布朗大學(Brown University)、哈佛大學(Harvard University)、耶魯大學(Yale University)等所組成的長春藤聯盟，到西岸的南加州大學(University of Southern California)、洛杉磯加州大學(University of California Los Angeles)、史丹佛大學(Stanford University)、柏克萊加州大學(University of California Berkeley)等，都是世界著名的美國名校，可以到校園散步感受名校氣息，到學生餐廳體驗美國學生生活，買件衣服、鑰匙圈等作紀念。

UCLA紀念品商店

墨西哥亡靈節飾品

Work and Travel in USA

墨西哥人延續了印地安人傳統，繼承其對生命的看法，認為靈魂是存在的，從10月31日起連續3天，靈魂會回到人間與親友一同慶祝節日，他們用歡欣喜悅的慶祝方式來迎接一年一度與死者團聚之日，到處可見各式各樣骷顱頭的擺飾，甚至有些人彩繪骷顱頭在臉上，若是看到有趣的骷顱頭飾品，不妨買一個回去喔！

各式各樣的骷顱頭紀念品

1,2.連招牌與街道都有骷顱頭的蹤跡／**3.**骷顱頭擺飾／**4.**骷顱頭之勿說、勿聽、勿看／**5.**紀念品店裡有各種骷顱頭商品

具當地特色紀念品

Work and Travel in USA

除了到美國各地購買具紀念價值的當地明信片外，有許多商店均有販售印製當地Logo的鑰匙圈、衣服、杯子等紀念品，若是星巴克迷的你，也可至各城市的星巴克尋找當地才有的馬克杯或隨行杯喔！

1.各城市的市集「Markel Place」都是挖寶好去處／**2.**購買當地知名景點(西雅圖的太空針塔)周邊商品也是好選擇／**3.**來到賭城，可以買賭玩等相關周邊商品／**4.**夏威夷紀念商品店／**5.**明信片／**6.**印有西雅圖派克市場的提袋(圖片提供／蘇亭臻)

超便宜藥妝品
Work and Travel in USA

■保健食品

若有Costco會員卡可帶至美國使用，在美國購買維骨力（Move Free）160顆裝，和銀寶善存（Centrum Silver）285顆裝，通通台幣600元有找，只能說真的是買到賺到啦！

■保養品

美金20元就可買到倩碧（Clinique）三步驟，身體乳液除了超便宜的凡士林（Vaseline）還有美國才有的Bath & Body Works，純天然的蜜蜂爺爺（Burt's Bee）除了紫草膏外，還有許多保養品都比台灣便宜許多，唇蜜美金5元有找就買得到，若是想買伴手禮送朋友，可以參考台幣50元左右的小蜜緹護唇膏（Carmex），瑰柏翠（Crabtree&Evelyn）的護手霜、以及到美國必買的契爾氏（Kiehl's）和敏感肌專用的AVEENO。

■美妝品

除了台灣沒有的NAKED眼影盤必買外，大賣場如（Walmart）附設的美髮院有美金5元不到的OPI指甲油，粉餅只要台幣600元的芭比布朗（Bobbi-Brown），眼影美金20多元就買得到的M.A.C.，還有價差很多的倩碧（Clinique）、Benefit、Stila等，都可以在美妝專賣店（Sephora）購得。

實用美妝單字
指指點點

化妝品

眉筆/Eyebrow Pencil	腮紅/Cheek Color	睫毛膏/Mascara
眼影/Eye Shadow	粉餅/Compact Powder	眼線筆、液/Eye Liner
唇蜜、唇膏/Lip Gloss	蜜粉/Loose Powder	

保養品

化妝水/Toner	乳液/Lotion	精華液/Essence
護唇膏/Lip Blam	卸妝液/Make-up remover	洗面乳/Facial Foam

生活疑難雜症

　　該如何找第二份工作？美國洗衣機與烘衣機該如何使用？想要寄明信片卻不知道收件者的地址該寫在哪邊？跨國郵寄包裹寄送單又該如何填寫？任何有關生活上的疑難雜症，本篇都一一為你解答。

如何找第二份工作
Work and Travel in USA

　　若是第一份工作工時較少，如遊樂園9月開始人潮減少，相對的工時和工作天數就會縮減，若想賺錢可以兼第二份工作，但前提是不能影響第一份工作，因為簽證上註明的是第一份工作，所以若是第一份工作在時間內提前終止，就必須在工作結束隔天搭機回台。

　　網站上雖有許多分類廣告可搜尋，但建議還是直接至店家親自詢問較快，或是詢問身邊同事、朋友和當地居民，找到第二份工作後，記得要寫信連絡AAG告知有第二份工作(Second Job)，AAG會寄相關表格與資料給你。

過來人提醒｜切勿辭去第一份工作

　　由於美國打工簽證是登記第一份工作，因此即便找到第二份工作，薪水福利再好，也都不能辭去原先工作，一旦沒有依照簽證上的日期完成工作，提前結束的話，必須在工作結束隔天搭機離開美國。

如何使用洗衣機
Work and Travel in USA

　　在美國不是每戶人家都有洗衣機，但街道上有許多公共洗衣房，有洗衣機與烘衣機，牆壁上均有價目表，也有販賣機可購買洗衣粉，只要準備好25分的零錢(Quarter)，就可以輕鬆洗衣。

■ 投幣後，點選水量

高　中　低　　　←投幣處

■ 依衣物種類選擇適用的水溫和洗法

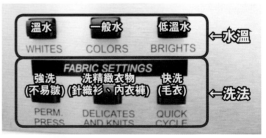

溫水　一般水　低溫水　←水溫
WHITES　COLORS　BRIGHTS

FABRIC SETTINGS
強洗　洗精緻衣物　快洗　←洗法
(不易皺)(針織衫、內衣褲)(毛衣)
PERM. DELICATES QUICK
PRESS AND KNITS CYCLE

旅行小祕方 洗衣三寶

洗衣粉　　　柔軟精　　　漂白劑

如何跨國郵寄
Work and Travel in USA

美國郵局(U.S. Post Office)除了提供買賣郵票、寄信、取信、寄送包裹外,還有貼心的到家收信與收包裹,只要到美國郵局網站選擇免費收信服務(Carrier Pickup),請送信的郵差順便去你家取件,若是信件得需貼上郵票,郵票也可以直接在郵局網站購買,直接列印。若是包裹則需先填寫報關單等資訊,並線上刷卡付郵資,郵差就會來你家取件,相當方便。

部分觀光區雜貨店有附設郵局　　國內郵資與國外不同

■明信片

除了郵局外,一般雜貨店(General Store)均有販賣郵票,只要向櫃檯說你要購買國際郵票(Airmail Stamp)即可,寄送明信片郵資為1.10美元,價格會有變動,可上郵資計算表(ircalc.usps.gov)查詢,點選明信片(Postcard)即可。

明信片寫法

航空信件信封寫法

■快遞

若是運送包裹眾多,可先上郵局與快遞公司網站計算運費,評估後再做選擇,通常快遞公司可節省不少運費。

美美快遞:在美國本土48州寄出均可空運至台灣,即使是信件都免費到府取件,若3天內尚未收到,可撥24H專線:1-800-225-5345查詢原因。網址:www.meimeiexpress.com/home_ch.cfm

成岳快遞:若是在加州,還可選擇成岳快遞,網址:www.spex-courier.com。

■包裹

若要寄送包裹回台灣,可先在網路上查詢鄰近的郵局,填寫跨國包裹寄送單,並排隊付運費即可,美國郵局運費有兩種計價方式可做選擇:

Priority Mail Flat Rate Box:向郵局索取固定規格紙箱,只要不超過20磅,均同一運費,詳細金額可上郵資計算表(ircalc.usps.gov)查詢,點選包裹(Package)輸入即可。

Priority Mail International:可自行選擇箱子寄送,郵資依重量與箱子所占的空間(材積)收取其最高金額,詳細金額可上郵資計算表(ircalc.usps.gov)查詢,點選大包裹(Large　Package)輸入重量與材積即可。

■跨國包裹寄送單如何填寫

Step 1

至美國郵局填寫郵寄單(INSTRUCTIONS FOR COMPLETING THIS FORM)。

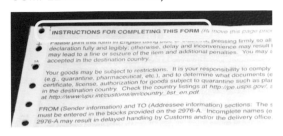

Step 2

詳細包裹項目要確實告知，類別勾選「禮物」(Gift)，內容物總價值不能超過100美元。

包裹寄送注意事項

特別小心的物品要註明

若是有易碎品等，可在包裹上註明，並告知服務人員，運送時就會加倍小心注意。

Fragile：寄送易碎品
Do not X-Ray：不能過X光機，如膠卷等
Do not Bend：不能摺疊，如照片或貴重文件等

跨國包裹空運規定

不論是郵局或快遞公司，寄送跨國包裹需注意維他命等健康食品，不得超過1,200粒，香水、菸、酒等都不得寄送，包裹總價值也不得超過1,000美元，免得會還會加罰關稅，得不償失，詳細內容可參考美國郵局空運規定。網址：pe.usps.com/text/Imm/tz_001.htm#ep1133477

以下是寄件人必須填寫的項目：

1.寄件人姓氏／2.寄件人名字
3.寄件人地址／4.寄件人城市
5.寄件人州別／6.寄件人郵遞區號
7.收件人姓氏／8.收件人名字
9.收件人地址／10.收件人郵遞區號
11.收件人城市／12.收件人國家
13.填寫包裹內容／14.物品數量
15.物品重量／16.物品價值
17.包裹類別：勾選禮物(Gift)
18.運送方式：勾選空運(Airmail)
19.寄件人簽名
20.寄件日期
21.寄件失敗後的處理方式：
　□拋棄
　□退回寄件人地址
　□轉送以下地址

Step 3

填完單子就可以至櫃台寄送，可以現金或信用卡付款，完成寄送後會有一張收據留底。

國家名請寫TAIWAN

若是寄信件或包裹回台灣，台灣收件人、地址可以用中文書寫，但是國家名稱則務必用英文書寫：「TAIWAN」即可。

實用APP軟體

隨著智慧型手機上市，舉凡旅遊資訊、美食、住宿、機票等都出了一系列的APP，除了在網路及書本上搜尋旅遊資訊外，APP可是重要的查詢功能喔！不僅快速、方便，省去了許多時間，趕緊在出發前快點下載一系列的APP熟悉一番。

■旅遊APP教學

隨著網路發達，資訊普遍，在美國旅遊，事前準備資訊取得相當容易，但是要如何去蕪存菁就是件難事了，往往花上幾秒鐘，下幾個關鍵字就可以得到許多資料，卻又花上一整天在整理，有智慧型手機的你，一定得下載這兩個實用旅遊APP。

Trip Advisor

旅行前所訂的飯店，選擇的觀光景點最怕與網路上查到的資訊有所出入，在訂飯店之前，或是決定前往哪個觀光景點，我都會先到Trip Advisor看其評論與會員所提供的照片，Trip Advisor是個擁有餐廳、景點、飯店等與旅遊相關的旅遊評論網站，資訊相當豐富。

TripIt

訂好機票、飯店時都會收到一封Confirmation Email，只要再把這份資訊轉寄給TripIt專用信箱（plans@tripit.com），TripIt便會根據時間製作相關旅遊的行程表，還提供當日天氣預報、地圖、城市導覽等實用的旅遊資訊，並且可以分享行程給親朋好友或TripIt會員，是一個幫我們整理行程的實用APP。以下為使用TripIt步驟說明：

如何用TripIt APP搜尋

使用TripIt，可選擇轉寄Confirmation Email或手動輸入來規畫行程

只要將Confirmation Email轉寄給TripIt專用信箱（plans@tripit.com），下一個行程會在What's Next顯示，並且在Trips顯示有幾個行程活動

若是轉寄後，TripIt讀出Confirmation而無行程規劃時，可點選「Add a Trip」手動輸入機票資訊、餐廳等

完成手動輸入或轉寄Email的步驟後，TripIt會在What's Next顯示接下來的行程

■美食APP教學

除了可以向當地飯店工作人員詢問旅遊及餐廳資訊外，還可以利用APP-YELP搜尋飯店附近的美食餐廳，除了有餐廳地址、電話、營業時間等相關資訊外，還有網友評論、餐點照片可供參考，甚至還可以找到有附wifi的餐廳，超級方便。

YELP

旅行前所訂的飯店、選擇的觀光景點最怕與網路上查到的資訊有所出入。

點選喜歡的餐廳，內含地址、電話、營業時間、網友評論等

可直接點選餐廳的所附地圖，點Open maps App查詢前往方式

如何用YELP APP搜尋

首頁可直接選擇Nearby，搜尋鄰近的餐廳

或至Search搜尋，Find輸入餐廳類型，From輸入地名

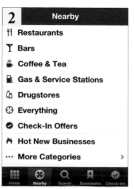
點選想要的類型，如餐廳、酒吧、下午茶等

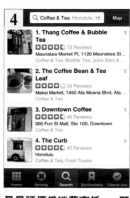
星星評價為消費高低，一顆星為最低，五顆星為最高價

■購物APP教學

ShopSavvy

這是個好用又免費，一定要下載的購物APP，只要掃描產品上的條碼，或是輸入產品名稱，就可知道網路上或是附近其他店家售價多少，可直接進行比價，是貨比三家最棒的搜尋小幫手。

如何用ShopSavvy搜尋

可新增一個帳號，或用臉書(Facebook)登入

可在空格內需入產品名稱，或直接掃描產品條碼

突發狀況如何處理

來到距離台灣一萬多公里的美國，在人生地不熟的情況下，遇到突發狀況該怎麼辦？突然想廁所，但速食店洗手間卻上鎖？當你突然內急、被搭訕或生病的情況下，跟著本篇步驟就萬無一失了！

護照遺失怎麼辦
Work and Travel in USA

1.報案911
若是確認遺失護照時，須立即向警察局備案辦理作廢，並取得遺失證明。

2.補辦護照
帶著遺失證明與重要文件夾（詳見P.46）前往當地台灣駐外大使館機構申請補發，若是簽證遺失也一同辦理，補辦護照與簽證都需要手續費。

3.保留證明書
護照補發申請程序，通常須1～2週才會拿到護照，若是需立即回國，可申請臨時入境證明函約2～3天，即可回國或繼續旅行。

護照補發這裡辦

駐美國台北經濟文化代表處
電話：(202) 895-1800
地址：4201 Wisconsin Avenue, NW Washington
　　　DC 20016-2137, U.S.A.
Email：tecroinfodc@tecro.us

駐紐約台北經濟文化辦事處
電話：(212) 317-7300
地址：1, E. 42nd St., New York, NY 10017 U.S.A.
Email：teco@tecony.org

駐舊金山台北經濟文化辦事處
電話：(415) 362-7680
地址：555 Montgomery Street, Suite 501,
　　　San Francisco, CA 94111, USA
Email：tecosf@sbcglobal.net

生病怎麼辦
Work and Travel in USA

在美國看醫生費用昂貴，建議出發前多準備些常備藥以備不時之需（詳見P.139），若是無適合的藥物，也可至沃爾瑪（Walmart）等大賣場的藥局（Pharmacy），將症

圖片提供／許志忠

狀告知藥劑師，調配適合的藥服用。須要看醫生時，可撥打代辦所提供保險公司的電話，詢問鄰近的醫院就醫，避免保險公司不給付，若是緊急狀況須立即就醫，則可撥打911請救護車協助。

凡是在美國看病或購買成藥前請記得攜帶護照、醫療保險單（卡）、DS-2019文件，就診後，都需備妥收據明細（Medicine Receipt）、醫生診斷書（Medical certificate）、處方箋等相關文件，作為健保和保險核退時用。

過來人提醒　保險給付注意事項

健保：填寫「自墊醫療費用核退申請書」向健保局申請，須先向投保單位蓋章，並備妥相關收據等文件申請，若是不符合「緊急就醫」的條件，健保是不給付的。

保險公司：出發前應確認保險公司是否要求設立保險帳戶，或是列印相關保險單（卡）等重要資訊，並記下電話，在看病前第一時間連絡保險公司，避免不給付的情況發生。

腰痠背痛怎麼辦

Work and Travel in USA

若是工作需搬運重物，像是房務員必須每天鋪床、推工具車等，持續工作下來容易腰痠背痛，建議出發前可帶撒隆巴斯、肌樂等以備不時之需，若是沒帶或用完，可到沃爾瑪（Walmart）、藥局（DrugStore）或直接上網購買。

旅行 小 祕 方

痠痛藥物常見品牌

以下是在美國常見的相關品牌，可先上網查詢比價後，再自行購買。

BENGAY
網址：www.bengay.com

ICYHOT
網址：www.icyhot.com

SALONPAS
網址：www.salonpas.us

被搭訕怎麼辦

Work and Travel in USA

在美國若遇到搭訕時，盡量別喝來路不明的飲料，若是約會也應選擇明亮與人多的地方，應避免治安不好的街區。遇到邀請你去他家中，晚上敲你房門時，多半為含有性暗示，應懂得保護自己，不宜被異國戀曲沖昏頭。

過來人提醒 男／女朋友定義大不同

在美國男／女朋友的界定和台灣不同，即便你已明確回答不是單身，對方還是會想要當你一天的男朋友、美國的男朋友等，而他們往往在墨西哥、紐約、舊金山等各地區也都有伴侶。

內急怎麼辦

Work and Travel in USA

在美國有些商家不外借廁所，而有些則會把廁所鎖起來僅提供顧客使用，尤其是洛杉磯、舊金山與紐約等大城相當普遍，建議可以找百貨公

司、商場、加油站與速食店等使用，若是遇到廁所上鎖的速食店，多半只要和店員說一聲即可。

公園內的臨時廁所(圖片提供／許志忠)

被偷、被搶怎麼辦

Work and Travel in USA

若是不幸被搶劫或遭竊，可請飯店櫃檯人員通知當地警察局報案，並申請被盜竊相關證明書，交與海外急難救助相關單位，並記得與保險公司連絡，才能辦理相關賠償事宜。

信用卡遺失怎麼辦

Work and Travel in USA

請先記下信用卡的掛失電話，若不幸遺失，應立即通知台灣發卡銀行辦理掛失止付，等回國後再向申請補發即可，若急需使用，只要告知發卡銀行郵寄地址，約兩週就可收到補發的信用卡。

緊急連絡電話看這裡

緊急撥打專線
警察局、消防局、救護車：911

全球免付費電話
旅外國人急難救助：011-800-0885-0885

台灣駐美國代表處緊急連絡電話
突發緊急狀況(搶劫、車禍)：1-202-669-0180
文件事務申請(簽證、文件、護照等)：1-202-895-1812

Work
for
Experience

Travel
for
Pleasure

USA
Let's Go!

Work and Travel
in *USA*

旅遊玩樂篇

美國哪裡最好玩？

來到美國打工度假，除了認真工作體驗生活外，絕對不能錯過拉斯維加斯的精彩表演秀、品嘗西雅圖的咖啡香、造訪小孩子心目中的歡樂天堂「迪士尼」、好萊塢的星光大道……，眾多好玩又精彩的體驗，絕對不容錯過。

各城市交通介紹

在美國旅遊很容易，只要搞定住宿(詳見P.72)和交通(詳見P.61)就可以，熱門景點可以在遊客中心、飯店、機場和租車公司等索取相關資訊，美食餐廳可利用手機APP(Yelp)查詢，或是Jetsetter和TripAdvisor裡面有著名景點和旅遊資訊，還有相當可靠的評論可參考，規畫美國旅遊一點也不難。

城市	城市印象	大衆運輸	優缺點
拉斯維加斯 Las Vegas	五光十色的賭城，享用不完的Buffet，精彩萬分的Show，最與衆不同的城市。	Bus (RTC、SDX)	**優點**：長街上巴士班次頻繁，各大知名飯店均停靠。 **缺點**：大衆運輸種類較少，人多滿載時，不提供載客服務，常需排隊。
聖地牙哥 San Diego	舒適氣候，交通方便，消費不高。	Trolley MTS Bus	**優點**：發車時間長(04:00～01:00)，大衆運輸與MTS部分公車搭配搭乘優惠 **缺點**：無完善驗票系統。
西雅圖 Seattle	觀光城市，景點集中在市中心，美中不足的是時常下雨的氣候。	Monorail Metro Bus	**優點**：市中心交通(公車與輕軌)均發達，有免費時段。 **缺點**：公車不只一種系統，須分開個別購票。
洛杉磯 Los Angels	觀光景點較分散，擁有衆多樂園的城市。	Bus Metro	**優點**：公車、地鐵選擇多元。 **缺點**：景點分散，適合開車旅行。
舊金山 San Francisco	街頭藝術豐富，旅遊景點集中且交通方便。	Muni (Bus、Metro)	**優點**：多種大衆運輸可選擇，交通方便，飯店旅館均可索取地圖。 **缺點**：路線複雜。
鹽湖城 Salt Lake City	城市居民多為摩門教徒，相當友善觀光客少，很接近道地美國生活。	UTA (Trax、Bus)	**優點**：治安良好，居民友善，街景富衆多藝術品，城市水準極高。 **缺點**：觀光資訊較少。
波特蘭 Portland	氣候舒適，擁有免稅的購物優惠。	Trimet (Bus、Max)	**優點**：市中心交通方便，有免費時段。 **缺點**：城市較小，郊區旅遊須開車。
夏威夷 Hawaii	令人嚮往的度假勝地，交通發達，適合度假。	The Bus Trolley	**優點**：觀光景點多半有大衆運輸可到達。 **缺點**：收費較貴。

Las Vegas

拉斯維加斯

人稱不夜城的拉斯維加斯，是來到美國不能錯過的城市之一，不僅交通便利，天橋均設有電梯和手扶梯。各式各樣的飯店也都有美味餐廳與自助餐(Buffet)、購物中心、免費特色表演秀與大型舞台秀，主要景點均在主街大道(Las Vegas Blvd.又稱 Strip)，公車(RTC)和電車(Tram)每站均會停靠，站名為飯店名稱，相當方便。

而舊城(Fremont Street)是早期最熱鬧的地方，現在也是景點地標之一，夜晚的徒步區有許多免費秀和燈光表演，最著名的莫過於四皇后飯店(4 Queen)旁的飛茫街歷險秀(Fremont Street Experience)。

旅行 小 祕 方

免費使用蘋果電腦

若是有任何旅遊相關資訊，可至遊客中心索取或上網查詢，在拉斯維加斯想要上網，除了星巴克與麥當勞外，可至購物中心(Fashion Mall)裡面的蘋果電腦(Apple Computer)免費上網，還可以使用中文呢！旅客服務中心網址：www.visitlasvegas.com。

拉斯維加斯是個紙醉金迷的不夜城

身為賭城的機場，一定要有的賭玩機器與紀念品

要拍街頭藝人，均要給至少1美元的小費

飛芒街歷險秀

交通
Work and Travel in USA

■機場來往飯店

若是搭飛機來到拉斯維加斯，3～4人的話建議直接搭計程車至飯店門口，平分下來還比大眾運輸便宜。若是只有1～2人則可在出境的出口找機場接駁車（Shuttle Bus），價格約6～8元不等，有許多公司可供選擇與比價。

可至售票機或向司機購票

■公車

公車票

均為RTC公車系統，主街交通（Strip & Downtown）有較短程公車（The Deuce）和長程公車（SDX），每站均會停靠，站名為飯店或商場名稱，淺顯易懂相當方便。

網址： www.rtcsnv.com/transit / **時間：** SDX：09:00～00:30，每15分鐘一班，DEUCE：24小時，07:00～02:00為尖峰時間，每15分鐘一班 / **價錢：** 2小時6元，1日券8元，3日券20元

■捷運(Monorail Tram)

共有兩種，一為付費捷運，二為酒店免費捷運，路線請參考網址。

網址： www.lvmonorail.com / **時間：** 週一～四07:00～02:00，週五～日07:00～03:00 / **價錢：** 單程票5元，1日券12元，3日券28元

公車站牌均有時刻表　　車上均有動態停靠表

飯店
Work and Travel in USA

觀光客必來的不夜城，在預訂飯店上比起其他城市有更多選擇，在拉斯維加斯的每間飯店均有不同特色建築，像是金字塔

威尼斯人飯店內的景觀

飯店（Luxor）有金字塔，紐約紐約飯店（New York-New York）有自由女神與雲霄飛車，威尼斯人飯店

過來人提醒｜事先下載路線圖

官網上有公車路線圖(含去與回程)，並有各站名稱，還有通車與發車時間，建議可先上網下載，就不會在賭城迷路了。
- **SDX：** www.rtcsnv.com/wp-content/themes/rtc/pdf/12/SDX(09-30-12).pdf
- **TheDeuce：** www.rtcsnv.com/wp-content/themes/rtc/pdf/12/Deuce(09-30-12).pdf

---

過來人提醒｜賭場需知

許多飯店都有賭博教學，可先至飯店櫃檯詢問，若人數超過5人以上，部分飯店還可要求中文教導，如哈樂斯飯店(Harrah's)，要注意的是每間賭場均不可拍照攝影，若未滿21歲則不可賭博。

凱薩皇宮內藝術設計與餐廳

金銀島(Treasure Island)飯店

（The Venetian）有威尼斯運河，還可在此泛舟等，光是飯店的建築就可以殺光不少記憶卡容量。

■設施費用

許多飯店會在入住(Check In)或退房(Check Out)時，額外收取設施費用(Resort Fee)，因此不論在入住或退房時，均要注意自己的信用卡是否被收取設施費，部分訂房網會直接在網路上註明，千萬別因房價便宜就匆匆預訂，忽略了設施費。

■房間免費升等

在入住時，可向櫃檯詢問是否有房間免費升等的服務，也就是俗稱的三明治升等法，運氣好的話可以用便宜的價格入住更高級的房型。

網址：www.thetwentydollartrick.com

網路訂房、訂票看這裡

內有飯店和舞台秀等票價查詢，可直接購買，由於有些飯店會在官網作促銷活動，建議在訂房網比價選擇完飯店時，先去此飯店的官網看有無促銷折扣，往往又可節省一筆不小的費用。

- www.smartvegas.com
- www.vegas.com
- www.lasvegas.com
- www.lasvegashotel.com

自助餐

Work and Travel in USA

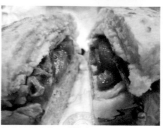

便宜又好吃的三明治店Earl of Sandwish

來到不夜城一定要好好嘗嘗便宜又好吃的自助餐，若有指定想吃的自助餐(Buffet)可先在半價亭看有沒有折扣，若是沒有指定可以參考24H無限吃套票(Buffet of Buffets pass)，共有7間飯店合作，可吃到早餐、午餐、下午茶、晚餐等一共4餐，價位50元有找。

不過需要注意的是，部分飯店若想吃海鮮，需再另補差價，凱薩皇宮(Caesars Palace)的晚餐超精緻又美味，物超所值絕對不能錯過。

巴黎飯店的自助餐

非吃不可的凱薩皇宮自助餐

24小時無限吃套票

拉斯維加斯表演秀

在拉斯維加斯除了有太陽馬戲團等知名的大型表演秀與著名歌手，如席琳狄翁(Celine Dion)的演唱秀外，還有各大飯店推出的獨家免費秀，來到拉斯維加斯的你絕對不能錯過。

大型舞台秀

除了各飯店的免費表演秀外，各飯店也均設有大型舞台秀的演出，一般可在各劇院售票處購買，雖然遊客中心也有，不過需額外收服務費，若是購買入住酒店的秀往往可享住客優惠價，可先向櫃檯詢問，較為熱門的秀，則建議先網路或電話預購，只要在開演前至劇院的票亭(Will Call)取票即可。

若是不知道有哪些秀演出，可在半價亭網址點選「SHOW DIRECTORY」就可看見有哪些秀，直接點選秀的名稱會出現演出時間、票價、演出地點以及表演內容簡介。

著名的「O」秀　　　金殿飯店的愛(Love)秀

觀賞須知

- 演出需提前入場，遲到通常不能直接進去，需等中場休息
- 全程不可錄音、錄影

票價依位置而定

購票須知

在半價亭可購買比官方還優惠的價格，有些甚至只要半價就可買到，通常是出售當晚未售完的門票，越是熱門的秀越難在這裡看見，不過若是沒有決定要觀看什麼主題，可以先來半價亭參考，這裡還有販售飯店的自助餐券(Buffet)。

網址：www.tix4tonight.com

- 購物中心(Fashion Show Mall)入口處
- 米高梅酒店(MGM)旁的可口可樂專賣店裡
- 四皇后(4 Queen)旁
- 星辰酒店(Stardust)對面

半價亭　　　　　　　　半價亭購買的票券

免費表演秀

以下列出著名飯店所提供的免費秀，每天演出不止一場，詳細演出時間可上各飯店官網查詢。

飯店	免費秀
永利(Wynn)	夢之湖露天劇場聲光秀
美麗湖(Bellagio)	水舞秀
凱撒皇宮(Caesars Palace)	亞特蘭提斯聲光秀(Atlantis)
巴黎(Paris)	艾菲爾鐵塔登高秀
金殿(The Mirage)	火山爆發秀(Volcano)
金銀島(Treasure Island)	海盜秀(Sirens of TI)
四皇后(4 Queen)	飛茫街歷險 (Fremont Street Experience)

San Diego

聖地牙哥

如果你只能選擇一個城市，那一定非聖地牙哥(San Diego)莫屬。想要玩主題樂園，這裡有聖地牙哥動物園、海洋世界、樂高樂園；想要參觀博物館，這裡有巴伯亞公園(Balboa Park)；想要體驗陽光、沙灘、比基尼，到海邊度假，這裡有許多不同型態的沙灘供你選擇；還有道地墨西哥式的美食餐廳，暢貨中心(Outlet)以及購物商場，聖地牙哥一次滿足所有需求！

四大主題樂園

主題樂園	門票
巴伯亞公園(Bolboa Park)	入園免費，入館依各館規定
動物園(SD Zoo& Safari Park)	1-Day 1 Park：$44，1-Day 2 Park：$79
樂高樂園(Lcgoland)	$59
海洋世界(SeaWorld)	$78

＊若多館旅遊，建議參考各樂園官網不定期推出之組合套票，詳見P.126頁

1.地面電車(Trolley)/2.若是時間有限，可搭乘一日觀光車/3.沙灘除了海景外，還有遊樂園/4,5.聖地牙哥天空很美，處處可見浪漫夕色/6,7.聖塔菲車站

交通
Work and Travel in USA

聖地牙哥是個非常適合自助旅行的城市,加上購票容易,大眾運輸工具主要是屬MTS系統,各觀光景點均有設站外,可依據自己的喜好購買一日與多日券,只要購買一張儲值卡,就可以搭乘地面電車(Trolley、Coaster、Sprinter)和大部分的公車,班次眾多,真的相當方便。

網址:www.sdmts.com

■購票交通票卡

可向公車司機或售票機購買儲值卡,搭乘地面電車(Trolley)會有警察不定時不定期驗票,作者在聖地牙哥旅行5天,就有4天被警察抽檢,千萬不要有買票搭霸王車的僥倖心態,

票券	價錢
Trolley單程票(One Way)	$2.50
Bus單程票(One Way)	$2.25
一日券	$5(Trolley&Bus皆可搭乘)

＊詳細時刻表:www.sdcommute.com

儲值卡可同時搭乘地面電車與公車　電車上面清楚標示所屬路線

售票機　　　　　　地面電車需先按鈕才能開門

Harbor Tours
港口之旅

網址:www.sdmaritime.org、www.midway.org / 交通:搭乘電車(Trolley)在藍線(Harborside)下車

來到聖地牙哥港口(San Diego Harbor)就一定要去參觀船艦,這是美國屈指可數的海軍基地海灣,有各式各樣的船艦佇立在灣口,在這裡你可以看到傳說中的航空母艦(MIDWAY)在你眼前,坐遊輪觀賞潛水艇,跟著語音導覽一起解開航海的歷史吧!

1.港口/2.時間充裕還可以付費搭船遊一圈/3.運氣好可看見許多帆船經過/4.港口有停泊許多船艦博物館可付費參觀

旅遊玩樂篇

Seaport Village

海港村

交通：搭乘電車(Trolley)在綠線(Seaport Village)下車

位於聖地牙哥市中心(Downtown)，是面向海港的典型購物村，擁有許多個性商店，禮品店可參觀購買，挑選一塊鍾意的綠地休憩，眺望海面上的風帆來往，與天邊的科羅拉多橋（Coronado Bridge）為伍，是個約會的好場所！

1.有許多特色商店，是購買伴手禮好處去／**2,3,4.**海港村有許多特色餐廳，可邊享用美食欣賞海景／**5.**海港村有一大片草地，是放風箏與野餐好去處

Gaslamp Quarter

瓦斯燈街

交通：搭乘電車(Trolley)在綠線(Gaslamp Quarter)下車

位於聖地牙哥市中心(Downtown)，曾是紅燈區的瓦斯燈街保有維多利亞式建築，街道上還可見19世紀的老舊煤氣燈，集結近百家美食餐廳、酒吧、藝廊等，是當地年輕人及觀光客都喜愛的場所，喜歡夜生活的你絕對不能錯過！吃飽喝足後，可以到7層樓高的印象派色彩的購物中心（Horton Plaza），迸街順使消化一下喔！

1.瓦斯燈街景一隅／**2.**有懷舊氣氛的餐廳／**3.**好吃又便宜的義大利麵／**4.**來到聖地牙哥，一定要體驗的道地墨西哥菜

Old Town

舊城

網址： www.oldtownsandiego.org ／ **交通：** 搭乘電車(Trolley)在綠線(Old Town)下車

　　想要了解聖地牙哥，首先必須前往規畫成觀光古蹟區的舊城(Old Town)——聖地牙哥的起源地。這裡保有最初聖地牙哥建立的古早建築，舉凡教堂、商店、馬車等，充滿西班牙式風情的街道，穿著傳統服飾，現場演奏的墨西哥餐廳，如果想購買墨西哥製的紀念品，無法到提約拿市購買的，一定不能錯過這裡。

1.推薦必喝下午茶館／2.特色商店是購買伴手禮好處去／3.有許多免費博物館可參觀／4.舊城裡有許多道地墨西哥餐廳，一定要嘗試看看／5.舊城裡有茶館與咖啡廳等戶外休憩區，相當舒適

Mission Bay & Mission Beach

米遜海灣公園
米續沙灘

交通： 搭乘Bus 27、30、34、9

　　想要到海邊玩耍，就一定不能錯過位於舊城前方的米續沙灘。長達43公里長的海岸線擁有許多娛樂設施，如：滑水(船)、帆船、釣魚、自行車等種類極多，如同一個大型休閒度假公園。想吃東西，轉個彎有許多餐廳可選擇，結束後可以到由白沙編織成的米遜海灣觀賞遊艇和帆船，非常幽靜。過馬路，到米續沙灘又是另一番熱鬧風景！

1.不妨在浪漫沙灘上，蓋造一座屬於自己的沙雕城堡／2,3.漂亮的海邊景色，是殺光底片的好時機

旅遊玩樂篇

Fashion Valley

時尚谷地

交通：搭乘電車(Trolley)在綠線(Fashion Valley)下車

兩層樓式西班牙建築的時尚谷地，是擁有全美國營業額最高的購物中心，超過200家以上的餐廳及18廳的電影院，有6座以上停車場，不怕沒有停車位。並有5家主要百貨(Macy's、Saks Fifth Avenue、Neiman Marcus、Robinsons-May、Nordstrom)，快點來時尚谷地大肆採購一番。

Bolboa Park

巴伯亞公園

網址：www.balboapark.org／**交通：**乘電車(Trolley)在橘線(City College)下車，轉搭Bus 7，下車過天橋進入園區

來到聖地牙哥，就一定得來巴伯亞公園，面積5.6平方公里擁有15座博物館及美術館，其中包含聖地牙哥動物園，是聖地牙哥著名的休閒園區，可稱上是聖地牙哥的後花園呢！建議時間充裕的人可以到遊客中心，購買適合自己的票券，可選擇全日票(Passport to Balboa Park)，15間博物館任你參觀，或是僅進去你喜歡的美術館，購買單館門票。

在巴伯亞公園除了博物館外，還有許多不同類型的劇場，提供戲劇和音樂的演出，可在公園內選擇心儀的餐廳享用美食後，來場午後音樂會，音樂會結束會，可前往植物園，觀賞300多種以上的花草，傍晚再前往噴水池，捕捉日落的尾巴！

旅行 小 祕 方

每週二、五免費導覽參觀
● 每週二都可免費參觀特定博物館，其中(Botanical Garden，The Timken Museum of Art)全年免費，詳情請見官網
● 週二免費園內電車每日08:30～18:00
● 週五免費1小時園內導覽

1.巴伯亞公園內有許多特色建築與擺飾，吸引許多遊客前來朝聖／**2.**園區內還有一座植物園，可以參觀各式各樣的植物／**3.**園區內還有特色餐廳與休憩區／**4.**巴伯亞公園處處可見校外寫生

Seattle
西雅圖

人稱雨城(The Rainy City)的西雅圖，雖然時常下雨，但大多是短暫的綿綿細雨，不太會影響旅遊，在市區觀光交通相當方便，若是時間有限，可以安排1～2天在市區觀光即可。

1.西雅圖停車場／**2.**單軌列車(Monorail)／**3.**西雅圖特有的口香糖牆(圖片提供／蘇亭臻)

交通
Work and Travel in USA

在西雅圖市中心均有免費公車(Metro)可搭乘，若在06:00～19:00轉搭隧道公車(Bus Tunnel)也不用錢，郊區往返也有公車，票價在2元內。市區除了免費公車外，還有單軌列車(Monorail)也相當方便，行駛距離由西湖中心(Westlake Center)到太空針塔(Space Needle)，會經過太空針塔、派克市場、國王球場、先驅廣場和西雅圖藝術博物館等知名景點，由於西雅圖的路況和舊金山相似，許多路段起伏很大，加上在市區停車費用不低，在西雅圖觀光建議使用市區大眾運輸，會比自行租車來得方便。

旅遊資訊這裡查

旅遊資訊：seattle.citysearch.com
單軌電車：www.seattlemonorail.com
郊區公車：www.commtrans.org、www.everettwa.org

Space Needle

太空針塔

來到西雅圖一定要去指標性建築與城市象徵的太空針塔，1樓有紀念商品店可購買伴手禮，若是想眺望西雅圖景色，可至售票亭購買觀景台的門票，若是天候不佳也可在室內觀看，設有吧檯可以點杯飲料觀賞美麗的西雅圖景色。

1.太空針塔／2.觀景台上有各式各樣的太空針塔

Starbucks

星巴克創始店

地址： 1912 Pike Pl Seattle ／ **電話：** (206)4488762

派克市場享用完海鮮濃湯後，要記得走去對面的星巴克創始店買杯咖啡，這是全世界第一間星巴克的發源地，除了創始店專屬Logo特別之外，這裡可以買到星巴克派克市場專賣的小熊。

1.創始店特有的招牌／2.記得買杯創始店咖啡嘗嘗(圖片提供／蘇亭臻)

Pike Place Market

派克市場

被稱為西雅圖心臟的派克市場，是全美國最古老的農夫市場，裡面販賣許多漁貨和蔬果，來到這裡一定要去入口觀賞著名的「丟魚」表演，買便宜又好吃的的雷尼爾櫻桃，並在裡面找間觀景餐廳，享用遠近馳名的麵包海鮮濃湯。

1.必吃的麵包海鮮濃湯／2.著名丟魚表演的攤販／3.派克市場內好吃的香腸／4.派克市場入口，在看板底下有遊客資訊中心，地圖跟旅遊資訊可供索取(圖片提供／蘇亭臻)

Los Angels

洛杉磯

SNOW WHITE

擁有全美規模最大的高速公路系統，身為加州第一大城的洛杉磯，在西班牙文是「天使之城」的意思，就人口而言，擁有豐富多元的族裔人種，是僅次於紐約的第二大城，在洛杉磯的街道上可以真正體驗所謂的「民族大熔爐」，來到以電影工業著稱的洛杉磯，就一定要去看看《鋼鐵人》(Iron Man)和《變形金剛》(Transformers)在市中心打鬥的場景，一起奔馳體驗《玩命關頭》(The Fast and the Furious)在洛杉磯街道的感覺，如《落日殺神》(Collateral)裡湯姆克魯斯(Tom Cruise)所言：「Enjoy LA」。

妥當，單程票(One Way)為1.5美元，每換一條線就得重新購票，建議購買一日券(Day Pass)，可以在午夜12點前無限次數搭乘，較為優惠。

Big Blue Bus　　　　Metro Bus

旅行小祕方

善用搜尋查公車

可善用搜尋功能，輸入地標、地址或街道查詢公車與捷運路線，並有詳細的公車路線，站牌位置等資訊，由於部分公車週末或特定時刻不發車，故輸入明確時間是相當重要的，若是要前往迪士尼樂園，關鍵字務必填「Disneyland」才不會搜尋到迪士尼總部(Disney)而白跑一趟。

公車資訊這裡查

Metro	Big Blue Bus
網址：www.metro.net	網址：BigBlueBus.com

交通
Work and Travel in USA

洛杉磯是個景點多但分散較廣，較適合開車遊玩的城市。倘若選擇開車旅遊，切記要避免在早上7～9點及下午5～7點這兩個尖峰時間，若是不會開車的遊客也可以搭乘公車與地鐵等大眾運輸工具。

■從機場到飯店

洛杉磯機場相當廣大，從機場前往飯店的交通建議搭乘飯店接駁車或機場接駁車(詳見P.62「Shuttle」)，若是行李不多可善用機場巴士(Flyway Bus)直達聯合車站(Union Station)，再轉搭公車或地鐵，經濟實惠又方便。洛杉磯機場接駁車Shuttle2LAX：shuttle2lax.com。

■公車(Metro Bus、Big Blue Bus)

洛杉磯公車路線眾多繁雜，建議先到遊客中心、公車服務處或向飯店索取路線圖，或上官方網站搜尋，確認路線後，上車應先詢問司機較為

■地鐵(Metro Rail)

洛杉磯地鐵連結市中心、環球影城、好萊塢等觀光景點，只要購買悠遊卡(TAP Card)加值便可選擇一日券(Day Pass)或週券(Weekly Pass)，時間內無限次數搭乘地鐵(Metro Rail)與公車(Metro Bus)，可向公車司機買卡，或至各捷運站販賣機購買。

在售票機購票，才可刷票進入　看清楚指示搭乘路線

Hollywood Walk of Fame

星光大道

網址：www.walkoffame.com／地址：Hollywood Blvd.／交通：地鐵紅線Hollywood Highland站或公車Metro 802

以好萊塢大道（Hollywood Boulevard）為中心，兩旁人行道上的銅製星星為著名的星光大道，星星內有許多知名影星，包含卡通人物，如米老鼠、唐老鴨和白雪公主等，最特別的是還有洛杉磯湖人隊的大球星（Kobe Bryant）。

1.星光大道上處處可見豪華轎車／2,4.星星內的圖案代表不同產業／3.星光大道上有金氏世界紀錄館，可付費參觀

過來人提醒　**星星中的產業代表**

　　每一個星星內有不同的圖案，表示對於不同產業的貢獻。
- ●攝影機：電影產業
- ●留聲機：唱片產業
- ●麥克風：廣播產業
- ●面具：舞台表演

過來人提醒　**拍照前先給小費**

　　在星光大道上有許多扮演知名影星或卡通人物的街頭藝人，若是要與他們合照，記得要先給小費至少1美元，才能拍照，若是站遠處偷拍是相當不禮貌的行為！

Dolby Theatre

杜比劇院

　　早期的柯達劇院（Kodak Theatre）是專門為奧斯卡金像獎頒獎典禮所設計的場地，位於高地廣場內，現已改名為杜比劇院（Dolby Theatre），來到星光大道的你，千萬不能錯過！

旅遊玩樂篇

Disneyland

迪士尼樂園

網址: www.disneyland.com / **地址:** 1313 S. Disneyland Dr., Anaheim, CA 92802

全世界第一個迪士尼主題樂園,內分迪士尼樂園(Disneyland)和迪士尼加州冒險園區(Disney California Adventure)兩個園區,晚上迪士尼樂園內的睡美人城堡會施放音樂煙火秀,加州冒險樂園則是主打水舞秀(World of Water),搭配燈光實在美不勝收,千萬不能錯過。

迪士尼樂園遊行(圖片提供/白敏麗)

旅行 小 祕 方

上網購買現場免排隊

由於人潮眾多,為了節省排隊時間,可上官網購買選擇現場取票(Will Call kiosk)或自行列印(Print at Home)等方式,由於人潮眾多,建議購買單日單園區(1Day1Pass)就好,若前往一個以上遊樂園,可參閱購票優惠(詳見P.126)。

遊樂園入園需知

園區腹地廣大,建議先上網查詢各項遊樂設施解說,善用免費快速通關(Fast Pass)可節省不少排隊時間,並選擇關園時間在晚上10點較為划算,若想購買紀念品,通常關園後還有30分鐘左右可購買。

UCLA

加州大學
洛杉磯分校

網址: www.ucla.edu / **地址:** 405 Hilgard Ave., Los Angeles

來到洛杉磯不妨去一趟加州大學洛杉磯分校,造訪蔡康永和艾力克斯的母校,其中的包威爾圖書館(Powell Library)曾是好萊塢電影的拍攝場景,羅斯大廳(Royce Hall)也相當著名,校園內的學生餐廳與紀念品商店相當便宜,不妨喬裝一天學生進去體驗一下美國學生生活,還可在校園內購買便宜的樂園優惠票。

1.包威爾圖書館/**2.**UCLA吉祥物/**3.**UCLA紀念品商店/**4.**著名的羅斯大廳

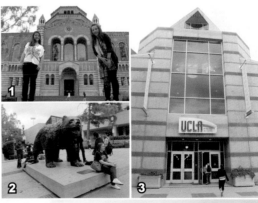

Universal Studio
環球影城

網址：www.universalstudioshollywood.com／地址：100 Universal City Plaza, Universal City, CA91608／交通：地鐵Universal City站，過馬路搭環球影城接駁車

想要窺探電影製作的奧祕，或是親身體驗電影場景，就一定不能錯過環球影城，若是時間有限，可以購買金額較貴但免排隊門票（Front of Line Pass），由於入園有較嚴格的食物規定，加上園區內食物不便宜，若是打算在園區一整天，可以購買隨你吃到飽套票（All You Can Eat Pass）相當划算，若是在10月中去環球影城，還可以體驗萬聖節的特別活動，讓你從早玩到深夜體驗不一樣的環球影城。

旅行小祕方
暢玩影城撇步

建議一進去就先參觀必體驗的攝影棚之旅(The Studio Tour)，可選中文導覽，體驗大水、爆破等電影場景，並在入口處索取園區中文地圖及節目表，影城內分上園區(Upper Lot)、下園區(Lower Lot)，可從下園區開始玩較節省時間，另外水世界(Water World)表演場次有限，應注意表演時間。

1,3,4.園區內各式各樣的主題園區／2,7.環球影城標誌／5.環球影城萬聖節之夜／6.需過馬路搭乘接駁車

Getty Center

蓋帝中心

蓋帝中心(Getty Center)
網址：www.getty.edu／**地址**：1200 Getty Center Drive Los Angeles,CA90049-1679／**時間**：每日10:00〜17:30(週六延長至21:00)／**公休**：週一／**交通**：搭乘Metro Bus 761 或Big Blue Bus 14

蓋帝別莊(Getty Villa)
網址：www.getty.edu／**地址**：17985 Pacific Coast Highway, Pacific Palisades, California 90272／**電話**：(310) 440-7300／**時間**：每日10:00〜17·00／**公休**：週一／**交通**：搭乘Metro Bus 761 或Big Blue Bus 14

1.不論是在露天咖啡廳或草坪，都可以擁有愜意的午後／2.蓋帝中心／3.蓋帝中心的中央花園／4.蓋帝中心內處處可見藝術品／5.在蓋帝中心可俯瞰整個洛杉磯市景／6.搭乘單軌電車(Tram)上山／7.一下電車就會有館內人員，發放重點導覽之旅等資訊，服務台可租借導覽機

蓋帝中心又稱蓋帝博物館，是美國石油大王(Paul Getty)出資所建造的免費空中美術館，位於UCLA旁的山上，館內展有雕塑品、畫作、相片等許多不同類別的藝術品，占地廣闊，最重要的是免費參觀！

蓋帝中心旁還有一個蓋帝別莊，主要收藏希臘及羅馬等藝術品珍藏，想參觀者需事先上網或電話預約，建議提前一個月預約比較妥當。

過來人提醒　免費導覽專人解說

前往蓋帝中心須搭乘單軌電車至山上，若是開車也須將車停至山腳下，入口處可租借導覽機，或向館內人員索取導覽資訊，安排免費導遊由專人為你解說，導覽機雖叮選中文，但介紹的作品有限，若是英文能力尚可，建議選擇英文可以聽到許多作品的解說內容。

舊金山交通系統發達，即便會開車也建議搭乘大眾運輸工具，地圖可向各旅館與飯店索取，有標示清楚的路線圖相當好用；早晚溫差相當大，若是暑假時間造訪，務必帶件防風又保暖的外套，住宿建議在聯合廣場附近，從景點返回飯店還可邊逛街。

藝術氣息濃厚的舊金山，處處可見藝術品與街頭寫生

交通
Work and Travel in USA

■叮噹車

叮噹車（Cable Car）擁有百年歷史，特殊的造型深受遊客喜愛但票價稍貴，回程共有「Powell→Mason」與「Powell→Hyde」兩條路線，若是時間緊湊可選擇行經舊金山最熱鬧街區到漁人碼頭的「Powell→Hyde」。

網址：sfcablecar.com／費用：單程票5元

■歷史街車

歷史街車（Muni Historic Streetcar Route）簡稱街車（Streetcar），共有F、J、K、L、M、N、T線，因行駛路線車輛均是具獨特外觀的古董車，F線行使在舊金山最重要的市場大街（Market St.），經渡輪大樓、漁人碼頭與同性戀起源地的卡斯楚區（Castro），連結舊金山觀光主要地帶，乘客以觀光客為主。

費用：單程票2元，票券上時間內可自由上下車

■街道電車和公車

街道電車（Muni Metro）和公車（Muni Bus）與歷史街車同交通系統（Muni），公車是標準棋盤式，幾乎每個路口設有站牌，上車購買單程票記得向司機要轉乘券，可在時間內免費搭乘。

費用：單程票2元，票券上時間內可自由上下車

搭乘公車需至各站牌依序排隊

旅行小祕方

無限制通車證

可購買天數無限制通車證（Passports），可在時間內無限制數搭乘叮噹車、街車和舊金山公車，若是停留1個月則可購買月票（Fast Passes），票價則為60美元。網址：www.sfmta.com/languages/chinese/all／費用：1日票13元，3日票20元，7日票26元。

■捷運

捷運（Bart）涵蓋範圍極廣，是舊金山前往各城市的主要交通，行駛時間至午夜，可先至網站查詢（bart.gov/index.aspx）路線，並線上購買優惠票（bart.gov/tickets/index.aspx），採多退少補機制，可搭捷運至舊金山和奧克蘭機場，並設有「Air-Bart」公車，十分便利

網址：www.bart.gov
費用：至票價計算表查詢（bart.gov/tickets/calculator）

可直接去捷運售票機購票　月台會清楚標示下一台捷運路線

Alcatraz island

惡魔島

網址：www.alcatrazcruises.com
費用：白天30元，夜晚37元

因《絕地任務》（The Rock）而聲名大噪的惡魔島，是舊金山必遊景點之一，需先上網購票，登船地點在第39號碼頭（Pier 39），參觀前務必向工作人員索取免費語音導覽，有詳細的全島解說。

1.牢房還有重現當初犯人居住的真實情況／**2.**線上購票後需在時間內前往碼頭，排隊登船／**3.**往島途中可欣賞舊金山市景，與惡魔島景色／**4.**跟著語音導覽參觀島內監獄、牢房與各項設施

Golden Gate Bridge

金門大橋

交通：搭乘28、29號公車可抵達金門大橋頭

舊金山的代表性地標，是世界七大現代奇觀（Seven Modern Wonders of the World）之一，全長1.7英哩，徒步過橋需半小時，夜晚則不開放，因舊金山常有濃霧，前往時建議先上網查詢氣候。

Union Square

聯合廣場

地址：333 Post St, San Francisco, CA 94102／**交通**：交通中心，可搭乘任一大眾運輸

廣場面積不大，但建築景物精緻，交通發達，是舊金山最繁榮的地帶，街道上許多服飾店、餐廳與購物中心，是購物好去處。

Fisherman's Wharf

漁人碼頭

網址：www.fishermanswharf.org／**交通**：可搭乘叮噹車 Powell-Mason線及Powell-Hyde線均可，亦可搭乘15、30、42號公車及街車前往

　　街頭藝人聚集的漁人碼頭，範圍從渡輪大樓所在的1號碼頭（Pier 1）到47碼頭（Pier 47），其中以購物區為主的39號碼頭（Pier 39），入口處有螃蟹地標，碼頭內有眾多紀念品商店與餐廳，還有許多街頭表演秀可參觀。

1.船輪旁有超過百年歷史的麵包店（Boudin Bakery）是舊金山指標性商店／**2.**碼頭隨處可見人力三輪車／**3.**45號碼頭前的巨型船輪是漁人碼頭的象徵性標誌／**4.**碼頭景色

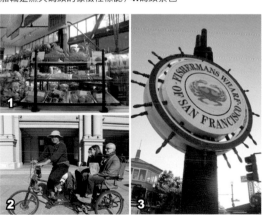

University of California, Berkeley

加州大學柏克萊分校

地址：2160 Center St, Berkeley, CA 94704／**交通**：搭捷運（Bart）紅線到Downtown Berkeley站下車

　　法國藝術裝飾建築為主的加州大學柏克萊分校，是美國公立大學之王，也是加州大學分校系統裡歷史最悠久的，代表動物是金熊（Golden Bear）。

1.大門（Sather Gate）是當年反越戰運動的發源地／**2.**圖書館／**3.**電報街（Telegraph Ave）附近有許多好吃又便宜的餐廳

其他景點

卡斯楚區(Castro)
交通：24、33、35、37號公車，及F、K、L、M線街車

嬉皮區(Haight-Ashbury district)
交通：6、7、33、37、43、66、71號公車

倫巴底街(Lombard St.)又稱九曲花街
交通：叮噹車Powell Hyde Line；45號公車

藝術宮(Palace of Fine Arts)
網址：www.palaceoffinearts.org／門票：免費參觀
交通：30號巴士終點站(Broderick Beach)

Salt Lake City

鹽湖城

鹽湖城是猶他州(Utah)的首都，也是該州最大都市，全州超過半數的當地人均為摩門教信徒；想要前往黃石國家公園最常見的方式，就是搭飛機至鹽湖城(Salt Lake City)後開車前往，整個城市治安相當良好，景色優美，若是經過這裡，一定要好好參觀才不枉此行。

交通

鹽湖城獨特的棋盤式街道，清楚的像是放在座標軸上，全區地址以聖殿廣場為中心，東西與南北向延伸開來的街道，便有了自己的獨特地址。比如地址為300E,500S，即是位於東300南500的地方，即

便是地理概念不好的人，也不會在鹽湖城迷路。在市區內的短程公車與輕軌電車(Trax)均可免費乘坐，若是要前往市區外的觀光景點建議租車較為方便，想要去Outlet可至公園城(Park City)好好購物一番。

網址：utah.citysearch.com／地址：48 South Rio Grande Street, Salt Lake City, UT 84101

旅遊玩樂篇

Temple Square

聖殿廣場

地址： 50 West North Temple, Salt Lake City, UT

　　鹽湖城的地理中心也是精神指標，廣場裡的建築都富有濃厚的摩門教氣息，相當莊嚴，噴水池、花叢與教堂形成美麗的風景，吸引許多人在此拍攝婚紗照，並在教堂舉辦婚禮，廣場內每個景點都有免費的導遊解說，有許多神學院的學生與西裝筆挺的傳教士，即使對宗教毫無興趣，都會對聖殿廣場的建築讚嘆不已。

1.聖殿廣場主要建築／**2.**聖殿廣場內的教堂內部／**3.**巧遇的天使小花童

旅行小祕方

購物好去處
　　早上可至聖殿廣場參觀建築，中午可走路至旁邊的購物中心(City Creek Center)享用午餐，裡面有梅西(Macy's)、諾德斯特龍(Nordstrom)等百貨公司，晚上還可回聖殿廣場參觀盛大的詩歌表演。

Great Salt Lake

大鹽湖

地址： 4528 West 1700 South, Syracuse, UT 84075

　　號稱美國死海的大鹽湖，是美國西部最大的鹹水湖，湖泊映出的山脈景色令人嚮往，來到大鹽湖一定要去被稱為世界鳥類避難所的羚羊島州立公園(Antelope Island State Park)，島上處處可見許多鳥類、羚羊、牛等動物，坐在岸邊欣賞動物嬉戲與水中倒影，相當愜意。

1.大鹽湖的吉祥物牛／**2.**大鹽湖／**3.**美麗的鹽湖夕照

Utah State Capitol

猶他州政府

地址： 120 State Capitol, 350N. State Street, Salt Lake City, UT 84114 ／ **時間：** 週一～五08:00～20:00，週六～日08:00～18:00

　　以花崗岩所建構的州政府，在藍天下構成美麗的畫像，大廳內有許多銅像記載

歷史事蹟，並可入內參觀議會，壁畫記載摩門戰士創建城市的奮鬥過程，州政府前的草地稱為記憶樹林(Memory Grove)，是拍照的首選地點。

Portland

波特蘭 1

若造訪西雅圖，不妨開車前往波特蘭(約需3小時)，由於波特蘭屬於奧勒岡州(Oregon)是免稅州，若要大肆購物非屬波特蘭不可，若5月底至6月底造訪，還可參加一年一度舉辦的玫瑰節(Rose Festival)，有盛大的花車遊行！

1.波特蘭不但市容乾淨，連居民都相當友善 / 2.特有的水上船屋

交通

Work and Travel in USA

波特蘭的主要交通(Trimet)非常便利，從波特蘭國際機場可搭輕軌電車(MAX Light Rail)的紅線(Red Line)前往市區各地，車票可線上或自動售票機購票，並可共用公車(Bus)、輕軌電車(MAX)、通勤列車(WES)、街車(Streetcar)相當方便。

網址：www.trimet.org / **費用**：單程票2.5元，1日券5元，7日券26元

旅遊資訊看這裡

www.visitportland.com(內有Coupon可下載使用)
www.travelportland.com
portland.citysearch.com

Downtown
市中心

　　來到免稅州一定要先造訪市中心並去中心廣場（Pioneer Courthouse Square）的服務處索取中文版交通指引，在市中心內除了有各大百貨公司外，還可免費搭乘大眾運輸，相當方便。

1. 市中心有許多百貨與商店，既然購物免稅一定要大買特買／**2.** 市中心有許多貨車攤販(Truck)，類似台灣路邊攤，便宜又好吃

Cannon Beach
海灘

　　來波特蘭一定要去當地人最愛的海灘（Cannon Beach），一旁的餐廳美食價格稍貴但相當美味，也可到州立公園（Ecola State Park）俯瞰海邊美景。

購物Outlet必敗區

奧勒崗州最大購物中心 (Washington Square Mall)
網址：www.shopwashingtonsquare.com
電話：(503) 639-8860
地址：9585 SW Washington Square Rd,Portland, OR 97223
時間：週一～六10:00～21:00，週日10:00～19:00

暢貨中心(Woodburn Outlet)
網址：www.woodburncompanystores.com
電話：(503) 981-1900
地址：1001 Arney Road,Woodburn, OR 9707
時間：週一～六10:00～20:00，週日10:00～19:00

暢貨中心(Tanger outlet)
網址：www.tangeroutlet.com/lincolncity
電話：(541) 996-5000
地址：1500 SE East Devils Lake Road,Lincoln City, OR 97367
時間：週一～六10:00～20:00，週日10:00～18:00

1. 若有疑問可至暢貨中心內的服務處／**2.** 逛餓了還可在販賣機或咖啡廳覓食

旅行小祕方

特色小店挖寶趣
　　來到市中心除了要造訪廣場(Pioneer Courthouse Square)外，還可去23街(NW 23rd Ave)類似台灣東區，有許多特色小店可以挖寶。

過來人提醒　海水冰冷別下水

　　由於奧勒崗州海域是屬北極圈海流全年冰冷，就連夏天的海水都可以凍死人，來到海邊千萬不可以下水。

Tillamook Cheese Company
起司工廠

不妨去以出產起司、冰淇淋和各式乳製食品而聞名的小鎮（Tillamook），有一個知名的起司工廠，除了可以參觀起司的生產過程，並品嘗新鮮起司與乳製品外，還有餐廳與紀念品店。

1,2.觀賞生產線有限制時間／3.不妨準備零錢，轉個紀念幣／4.來到甜點王國絕對不能錯過的下午茶時光／5.蛋糕與冰淇淋是女孩的最愛

Multnomah Falls
蒙諾瑪瀑布

蒙諾瑪瀑布是電影《暮光之城》（Twilight）的拍攝景點，爲兩段式瀑布，可登山至最高點欣賞美麗的哥倫比亞河谷，在旅客中心內展示許多關於瀑布文化與地質歷史，還有餐廳和紀念品店。

1.遊客中心內有服務台，提供專人諮詢／2.也是許多婚紗照必拍景點／3,4.蒙諾瑪瀑布是造訪波特蘭必訪景點之一

Hawaii
夏威夷

來到了許多人的夢想國度就一定不能錯過的度假勝地夏威夷(Hawaii)，是由許多大大小小島嶼組合而成，由於多島形成的地理特性，全區擁有許多優質海灘和值得參訪的觀光景點，各島旅遊資訊與商店情報都可以在遊客中心、住宿旅館、機場以及租車公司索取。

交通
Work and Travel in USA

■公車

各島交通仰賴飛機與船，也可將環島飛機列入行程之一，人們口中的夏威夷所指是歐胡島(Oahu)，全區主要交通系統爲公車(The Bus)爲大宗，每段票只要2.5美元，部分公車爲區間車，上車前應再次確認目的地與車資比較保險，並記得向司機索取轉乘券(Transfer)，可免費再搭乘另一班公車。

網址：www.thebus.org／電話：(808)848-55551／時間：05:30～22:00

■觀光巴士

若是時間有限想走完許多景點，可參考觀光巴士(Trolley)路線，依個人需求購買一日或多日券等，線上購票享有特殊優惠折扣。全區共分3條路線，紅線爲古蹟線(Historic)，沿途經過夏威夷著名歷史遺跡；綠線爲景點線(Scenic)，是綜合的觀光景點，包含浮淺與沙灘等；粉紅線爲購物線(Shopping)，經過著名購物中心，免稅百貨等購物必去的路線。

網址：www.waikikitrolley.com

旅行小祕方

其他島嶼交通

除了在歐胡島(Oahu)交通較爲發達外，其他島嶼交通方式建議以自行租車較爲方便，租車相關資訊詳見P.66。

Diamond Head
鑽石山

一座海拔760英呎的死火山，設有登山步道共175個台階，登頂可眺望威基基海灘和大片檀香山市的風景，傍晚日落時分的美景與威基基不分軒輊。

Hanauma Bay
恐龍灣

整個海灣呈現半圓形的弧度，遠望如同趴著的恐龍，海底佈滿珊瑚礁與熱帶魚，是全島最佳浮潛聖地。

Polynesian Cultural Center

玻里尼西亞文化中心

　　玻里尼西亞人為最早在夏威夷居住的原住民，想體驗夏威夷文化的傳統美食，觀賞夏威夷草裙舞等習俗特色，就一定不能錯過這裡，坐船為本區特殊入園方式。

Waikiki Beach

威基基海灘

　　位於檀香山中心，僅需步行即可抵達購物商場，是夏威夷最著名的海灘，細緻白沙與椰子樹遍布整個海灘，是欣賞落日的最佳景點。

1,2.不論男女老少都對威基基海灘愛不釋手／**3.**來到夏威夷不妨在海邊寫下名字留念／**4.**與夕陽相伴的威基基海灘

1

2

3

4

So Easy 088

開始到美國打工度假

作　　者　高函郁
攝　　影　高函郁

總 編 輯　張芳玲
主　　編　徐湘琪
文字編輯　邱律婷
美術設計　許志忠
封面設計　許志忠

太雅出版社
TEL：(02)2882-0755　FAX：(02)2882-1500
E-MAIL：taiya@morningstar.com.tw
郵政信箱：台北市郵政53-1291號信箱
太雅網址：http://taiya.morningstar.com.tw
購書網址：http://www.morningstar.com.tw
讀者專線：(04)2359-5819 分機230

發 行 所　太雅出版有限公司
　　　　　台北市11167劍潭路13號2樓
　　　　　行政院新聞局局版台業字第五○○四號

印　　刷　上好印刷股份有限公司　TEL：(04)2315-0280
裝　　訂　東宏製本有限公司　TEL：(04)2452-2977

初　　版　西元2013年10月01日
定　　價　280元
(本書如有破損或缺頁，退換書請寄至：台中市工業30路1號　太雅出版倉儲部收)

ISBN　978-986-336-011-7
Published by TAIYA Publishing Co.,Ltd.
Printed in Taiwan

國家圖書館出版品預行編目資料

開始到美國打工度假／高函郁作，
　──初版，──臺北市：太雅，2013. 10
面；　公分. ──（So easy：88）
ISBN　978-986-336-011-7　（平裝）
1.旅遊　2.副業　2.美國
752.9　　　　　　　　　　　　102015910

這次購買的書名是：

開始到美國打工度假 (So Easy 88)

* **01** 姓名：＿＿＿＿＿＿＿＿＿＿＿＿　性別：□男 □女　生日：民國＿＿＿＿＿年

* **02** 市話：＿＿＿＿＿＿＿＿＿＿＿＿　手機：＿＿＿＿＿＿＿＿＿＿＿＿

* **03** E-Mail：＿＿＿＿＿＿＿＿＿＿＿＿＿＿＿＿＿＿＿＿＿＿＿＿＿＿

* **04** 地址：□□□□□＿＿＿＿＿＿＿＿＿＿＿＿＿＿＿＿＿＿＿＿

05 你決定購買這本書的主要原因是：(請選出前三項，用1、2、3表示)
□題材適合　　　□封面設計　　　□內頁編排　　　□內容清楚實用
□資訊豐富　　　□價格合理　　　□其他＿＿＿＿＿＿＿＿＿＿＿

06 你的旅行習慣是怎樣的：
□跟團　　　　　□機＋酒自由行　□完全自助　　　□旅居
□短期遊學　　　□打工度假

07 通常在一趟旅行中，你的購物預算是多少(新台幣)：
□10,000以下　　□10,000～30,000　□30,000～100,000　□100,000以上

08 你通常跟怎樣的旅伴一起旅行：
□父母　　　　　□另一半　　　　□朋友2人行　　　□跟團
□親子　　　　　□自己一個　　　□朋友3～5人

09 在旅行過程中最讓你困擾的是：(請選出前三項，用1、2、3表示)
□迷路　　　　　□住宿　　　　　□餐飲　　　　　□買伴手禮
□行程規畫　　　□語言障礙　　　□突發意外

10 你需要怎樣的旅館資訊：(請選出前三項，用1、2、3表示)
□星級旅館　　　□商務旅館　　　□設計旅館　　　□一般旅館
□青年旅館　　　□民宿

11 你認為本書哪些資訊最重要：(請選出前三項，用1、2、3表示)
□餐飲　　　　　□景點　　　　　□住宿　　　　　□地圖
□行程規畫　　　□購物逛街　　　□貼心提醒　　　□教戰守則

12 你有使用「智慧型手機」或「平板電腦」嗎？　**13** 你會購買旅遊電子書嗎？
□有　　　　　　□沒有　　　　　　　　　　　　□會　　　□不會

14 你最期待旅遊電子書有哪些功能？(請選出前三項，用1、2、3表示)
□美食　　　　　□景點　　　　　□購物　　　　　□交通
□住宿　　　　　□地圖　　　　　□GPS定位　　　□其他＿＿＿＿＿

15 若你有使用過電子書或是官方網路提供下載之數位資訊，真正使用經驗及習慣？
□隨身攜帶很方便且實用　　　　　□國外上網不方便，無法取得資訊
□電子工具螢幕太小，不方便閱讀　□其他＿＿＿＿＿＿＿＿＿＿

16 計畫旅行前，你通常會購買多少本參考書：＿＿＿＿＿＿＿＿＿本

17 你最常參考的旅遊網站、或是蒐集資訊的來源是：

＿＿＿＿＿＿＿＿＿＿＿＿＿＿＿＿＿＿＿＿＿＿＿＿＿＿＿＿

18 你習慣向哪個旅行社預訂行程、機票、住宿、或其他旅遊相關票券：

＿＿＿＿＿＿＿＿＿＿＿＿＿＿＿＿＿＿＿＿＿＿＿＿＿＿＿＿

19 你會建議本書的哪個部分，需要再改進會更好?為什麼？

＿＿＿＿＿＿＿＿＿＿＿＿＿＿＿＿＿＿＿＿＿＿＿＿＿＿＿＿

20 你是否已經照著這本書開始操作?使用本書的心得是?有哪些建議？

＿＿＿＿＿＿＿＿＿＿＿＿＿＿＿＿＿＿＿＿＿＿＿＿＿＿＿＿

填表日期：＿＿＿＿年＿＿＿＿月＿＿＿＿日

讀者回函

掌握最新的旅遊與學習情報，請加入太雅出版社「旅行與學習俱樂部」

很高興您選擇了太雅出版社，陪伴您一起享受旅行與學習的樂趣。只要將以下資料填妥回覆，您就是「太雅部落格」會員，將能收到最新出版的電子報訊息！

填問卷，送好書
(限台灣本島)

凡填妥問卷(星號＊者必填)寄回、或傳真回覆問卷的讀者，即可獲得太雅出版社「生活手創」系列《毛氈布動物玩偶》或《迷你》一本。活動時間為2013/01/01～2013/12/31，寄書以郵戳為憑，將於4個月內寄出。

二選一，請勾選

□

□

太雅部落格
taiya.morningstar.com.tw

太雅愛看書粉絲團
www.facebook.com/taiyafans

(請沿此虛線壓摺)

| 廣　告　回　信 |
| 台灣北區郵政管理局登記證 |
| 北 台 字 第 12896號 |
| 免　貼　郵　票 |

太雅出版社　編輯部收

台北郵政53-1291號信箱
電話：(02)2882-0755
傳真：**(02)2882-1500**
(若用傳真回覆，請先放大影印再傳真，謝謝！)

(請沿此虛線壓摺)

太雅部落格 http://taiya.morningstar.com.tw

有 行 動 力 的 旅 行 ， 從 太 雅 出 版 社 開 始

(請沿此虛線裁剪)